NOTES ET MÉMOIRES

VARIÉS

SUR LE JAPON

PAR

Ch. REMY

PROFESSEUR AGRÉGÉ DE LA FACULTÉ DE MÉDECINE

PARIS

IMPRIMERIE BALITOUT, QUESTROY ET Cᵉ

7, RUE BAILLIF, 7

1884

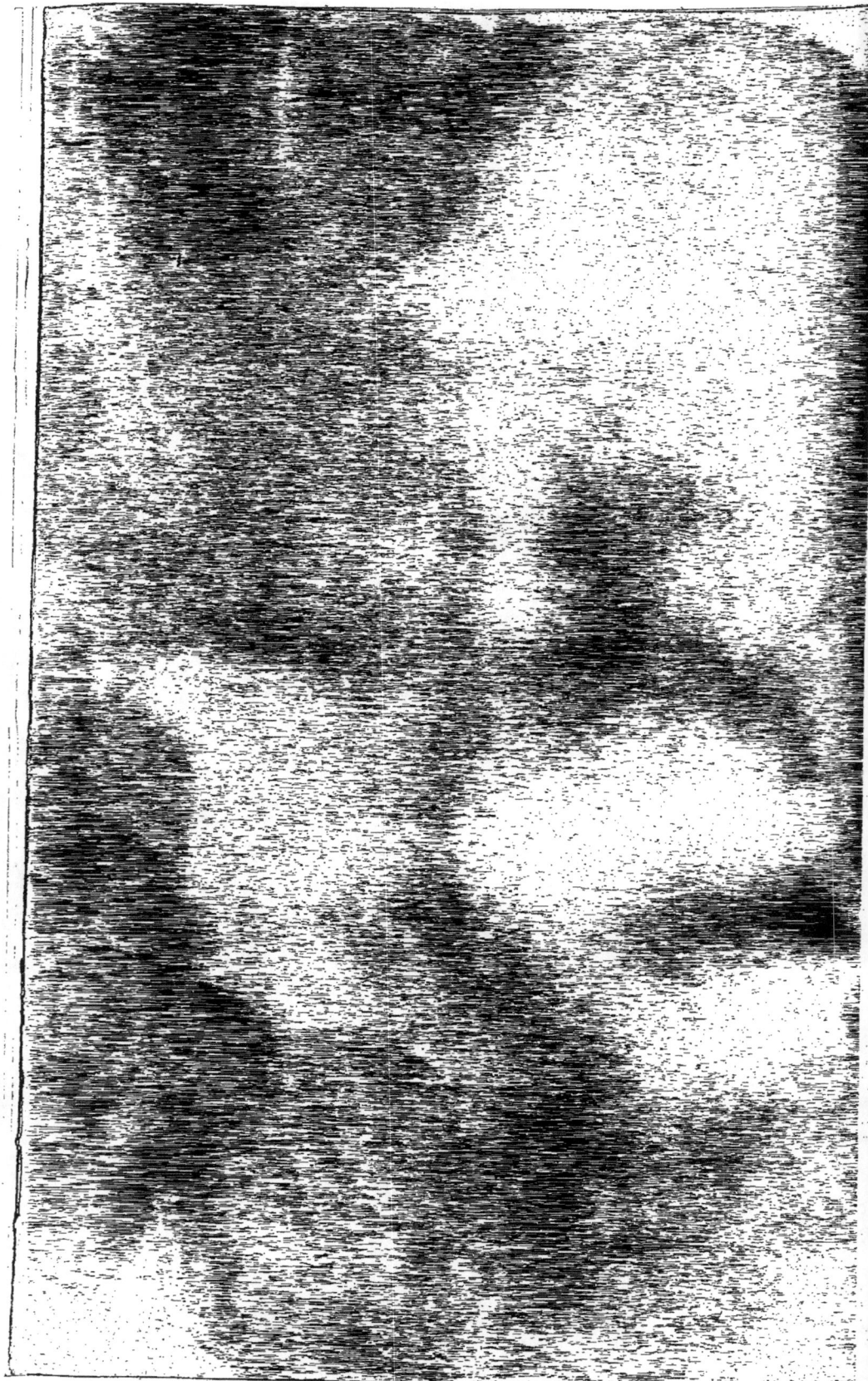

NOTES ET MÉMOIRES SUR LE JAPON

NOTES ET MÉMOIRES

VARIÉS

SUR LE JAPON

PAR

CH. REMY

PROFESSEUR AGRÉGÉ DE LA FACULTÉ DE MÉDECINE

PARIS

IMPRIMERIE BALITOUT, QUESTROY ET Cᵉ

7, RUE BAILLIF, 7

—

1884

NOTES ET MÉMOIRES

VARIÉS

SUR LE JAPON

ROLE DE LA MÉDECINE DANS LA RÉFORME DU JAPON

Extrait de la *Revue scientifique* de 1883.

Les débuts de la médecine au Japon rentrent dans le domaine de la légende

Existait-il une science médicale dans cet empire avant l'émigration chinoise ? Cela est vraisemblable, car le Japon était déjà organisé en empire depuis plusieurs siècles lorsque vinrent les Chinois. Mais il est difficile de démêler ce qui appartient aux uns et aux autres.

Bien qu'il soit déjà parlé de ces débuts médicaux par Kæmpfer (*Histoire du Japon*), j'en emprunte le récit à un ouvrage de M. le docteur Geerts, important à cause de la précision des détails (1). Les chroniques japonaises *Nippon o dai ichi ran* et

---

(1) *Les Produits de la nature japonaise et chinoise*, par A.-J. Geerts. Yokohama, 1878, p. 9.

Wa nen kei parlent d'un médecin chinois, Io Fuku, qui vint au Japon en l'an 219 avant Jésus-Christ sous le règne du Mikado Korei avec beaucoup d'autres colons chinois, et débarqua à Kumano, dans la province de Kii ; on dit que ce Io Fuku fut envoyé au Japon par l'empereur chinois Shi-Hoang-Ti.

Les Japonais ont construit, à Kumano, un temple dédié à ce pionnier légendaire de leur ancienne civilisation ; ce qui donne lieu de croire que dans ces temps reculés plusieurs colons chinois vinrent s'établir à Kumano, c'est qu'on y trouve souvent d'anciennes sapèques chinoises frappées sous le règne de l'empereur chinois Shi-Hoang-Ti.

L'influence chinoise se continua dans le pays ; bien longtemps après, en 414, on en trouve une preuve éclatante : on fit venir au Japon un médecin chinois de Sinra pour guérir le Mikado In-Kio-u.

Au VII⁰ siècle, les Japonais commencent à voyager à l'étranger pour apprendre la médecine, les arts et les sciences.

En l'an 730, la première pharmacie appelée Se-Yaku-In est installée.

Au VIII⁰ siècle, les premiers hôpitaux sont fondés ; puis les Japonais font de surprenants progrès dans les différentes branches d'art et de science. En l'an 1080, il y avait au Japon un médecin fort célèbre, nommé Masetada, qui, comme Boerhaave, avait une telle réputation que le roi de Corée le pria instamment de venir à sa cour, ce qu'il refusa, préférant, à l'exemple d'Esculape, servir sa patrie.

Vers le milieu du XVI⁰ siècle, le Japon est découvert par les Portugais. Il y a peu de traces de tentatives faites par les Portugais pour transmettre aux Japonais les sciences de l'Occident. Ils bornèrent tous leurs efforts à la propagation du catholicisme.

Un siècle après (1639), à la suite d'intrigues politiques et religieuses, cet empire fut fermé aux étrangers qui reçurent l'ordre de quitter le pays, sauf un petit nombre de Hollandais qui purent demeurer à Désima.

C'est cette petite colonie hollandaise qui, malgré toutes sortes
de difficultés, prépara véritablement, grâce à ses efforts persé-
vérants, la grande réforme qui s'est accomplie récemment.
Elle fit connaître les sciences, elle enseigna la médecine aux
Japonais, ainsi que le constate un document que j'ai eu entre
les mains. C'est un diplôme de docteur en médecine délivré en
1668, par les autorités hollandaises de Désima à leur adjoint
japonais et aide-médecin.

Ce diplôme est écrit en vieux hollandais, sur papier semé de
poudre d'or orné de dessins de feuilles de bambou. Il a été
offert à M. Jouslain, consul de France à Yokohama, par un
médecin hollandais, le docteur Beukéma, et envoyé à l'Académie de médecine.

DIPLOME DE MÉDECIN, DÉLIVRÉ PAR LES HOLLANDAIS A UN JAPONAIS, EN 1668.

« Constantin Ranst, né à Amsterdam, agent principal de la
Compagnie privilégiée des Indes-Orientales dans les Provinces-
Unies pour l'empire du Japon, salut, faisons savoir :

» Considérant que le premier drogman, Nids Kitsibeoyié, a
assisté depuis de longues années les Hollandais aussi bien que
les Pères Portugais pour l'exercice de la chirurgie, qu'il s'est
évertué toujours à faire de bonnes observations, de façon qu'il
est de beaucoup supérieur aux connaissances de tous les autres
médecins japonais, mais qu'il peut être considéré comme chirurgien européen ;

» Considérant en outre son opinion et son désir exprimé à
ce sujet :

» Nous avons bien voulu estimer, nommer et promouvoir le-
dit Kitsibeoyié, comme nous l'estimons, nommons et promou-
vons par la présente, comme le premier de tous les médecins
japonais qui jamais et jamais, pour autant que va notre con-

naissance, ont été antérieurement faits et promus docteurs par
les Hollandais, et cela pour encore beaucoup d'autres raisons
qui s'y rapportent.

» Aussi tous les Japonais nommés docteurs de cette façon
auront à estimer, reconnaître et accepter comme tel le susdit
Kitsibeoyié, et à lui accorder toujours la préférence ou la première place dans l'expression de son opinion si l'occasion s'en
présente.

» Fait ainsi et confirmé par notre signature ordinaire et le
sceau de la noble Compagnie, au comptoir de Nangasacki, le
20 février 1668.

» *Signé :* CONSTANTIN RANST.
               DANIEL VAN VLIET.
               ARNOLD DIRCKZ. »

(L'original est entre les mains du docteur Fatsuka Bunkai,
médecin en chef de la marine japonaise, auquel il a été transmis
comme papiers de famille par succession.)

En même temps qu'ils enseignèrent, les médecins hollandais
de la Compagnie firent des recherches sur la médecine indi-
gène et publièrent des travaux fort curieux où sont relatés les
faits les plus saillants sur ce sujet.

Citons parmi les auteurs les plus connus, Cleyer (1612), qui
a écrit sur la médecine chinoise et l'importance attachée à l'é-
tude du pouls ; Ten Rhynè (1678), sur l'acupuncture, le moxa,
le thé ; Kæmpfer, Thunberg, Siebold, etc. Les recherches n'é-
taient pas toujours faciles. Ainsi Thunberg se vit refuser l'autorisation d'herboriser, et on dut lui apporter ses sujets d'études
sous le nom de fourrages.

Le rôle important que jouèrent les Hollandais dans la réforme
de la médecine japonaise et le désir qu'avaient les Japonais de

s'instruire sont du reste constatés par un curieux mémoire en anglais, émané de la plume d'un Japonais et intitulé : *les Débuts de l'étude du hollandais au Japon, par K. Mitsukuri* (1).

Ce titre ne semble pas devoir intéresser la médecine, et cependant médecine et médecins ont joué un grand rôle dans les faits qui vont être racontés. C'est l'histoire de la réformation de l'anatomie au Japon, et il est bien étonnant de voir la réformation d'une petite branche de la science préparer la réformation totale de la société japonaise. Ce sont des médecins qui ont été les premiers convaincus de l'utilité qu'on pouvait retirer des communications avec les peuples étrangers ; observateurs de bonne foi, ils ont reconnu la supériorité scientifique là où elle se trouvait, et ils ont voulu faire profiter leur patrie de ces nouvelles connaissances. Avec une énergie qu'on ne saurait trop admirer, sans dictionnaires, sans interprètes, malgré toutes les défenses et les menaces faites contre l'étude des langues étrangères, ils ont entrepris de déchiffrer la langue hollandaise, alors aussi difficile pour eux que des hiéroglyphes. On verra plus loin comment la connaissance, si péniblement acquise, de cette langue prépara les voies à cette grande révolution japonaise dont les résultats ont étonné le monde.

Voici maintenant la traduction de l'opuscule :

Si nous regardons deux ou trois cents ans en arrière dans notre histoire, rien, à mon avis, n'est plus éclatant que les courageux efforts tentés par un petit nombre d'hommes déterminés pour dévoiler les mystères d'une langue inconnue et établir les sciences médicales de leur pays sur leur véritable base. Hideyoshi (2) fut brillant ; mais, nous devons le reconnaître, ses

---

(1) Lecture faite devant la Société asiatique du Japon, le 14 février 1877, et publiée dans ses *Transactions*.

(2) Toyotomi Hideyoshi est un Shogun, qui mourut en 1597 ; il chercha à sauver son pays des guerres civiles en envoyant les nobles combattre les Chinois et les Coréens.

principes ne furent pas à la hauteur de son talent. Yeyasu (1),
le législateur, fut capable; mais il a laissé la réputation d'un
caractère des plus égoïstes. Nous ne pouvons nous empêcher
d'admirer l'âme des quarante-sept *Ronines,* mais nous sommes
loin de désirer la répétition de cette tragédie, de nos jours. Même
la grande paix dont nous sommes si fiers ressemble plus à l'im-
mobilité des marais stagnants qu'au calme d'un lac limpide.
Quant à ces hommes dont je parle, c'est du fond de mon cœur
que je puis faire leur éloge; ils firent ce à quoi tout noble esprit aspire. Par leurs efforts, ils laissèrent leurs compatriotes
dans une meilleure condition qu'ils ne les avaient trouvés.

Plus le monde progressera, plus hautement ces hommes seront appréciés.

Il fut heureux qu'un rapport fidèle des circonstances intéressantes qui ont trait à l'introduction du hollandais au Japon
nous ait été laissé par un homme qui fut un personnage principal dans l'accomplissement de ce fait. Cet homme est Sugita
Fusai, dont l'œuvre posthume, intitulée : *le Commencement de
l'étude du hollandais,* parut pour la première fois à Yédo il y
a neuf ou dix ans. Peu de livres parmi ceux qui ont été publiés
récemment, si nombreux qu'ils soient, me paraissent présenter
un égal intérêt. Personne ne trouvera donc mauvais que je
parcoure rapidement ce livre pour en traduire quelques-unes
des parties les plus importantes.

Lorsque le gouvernement de Yeyasu trouva que la présence
des étrangers dans le pays n'était pas tout à fait désintéressée
et qu'elle serait toujours une cause de trouble pour le pays, de
vigoureuses mesures furent prises. C'est pitié de lire ce que fut
alors le despotisme. Non satisfait d'expulser les étrangers et de
persécuter les chrétiens indigènes, il mit à bas presque tout ce
qui offrait la moindre chance de devenir un canal de communication avec les autres contrées. Les possesseurs de vaisseaux

(1) Yeyasu fut le fondateur de la dynastie des Taïcoun Tokugawa, qui
eurent la suprématie de 1615 à 1868-69.

furent obligés de les construire sur un nouveau modèle, incapables de naviguer sur l'Océan. On défendit, sous peine de
mort, de sortir du pays ; on alla si loin qu'on proscrivit l'étude
de toute langue étrangère. Lorsque, vers le milieu du dernier
siècle, le naturaliste Goto fit paraître un petit volume sur le
hollandais, sa publication fut instantanément supprimée, tout
simplement parce qu'elle contenait l'alphabet hollandais. Les
étudiants en médecine de Nagasaki seuls pouvaient recueillir
ce que les médecins étrangers leur apprenaient de vive voix.
Les interprètes eux-mêmes n'avaient pas la permission d'étudier
le hollandais. Ils notaient en *cana* (1) ce qu'ils entendaient.
D'après nos connaissances actuelles, nous pouvons imaginer
quelles devaient être l'imperfection et la lenteur de ce moyen
de communication.

Les premiers efforts pour étudier méthodiquement cette
langue n'eurent lieu qu'un siècle après l'arrivée des Hollandais
dans le pays. Pendant le règne du huitième Shogun Tokugawa
(1717-44), trois interprètes de Nagasaki, convaincus de leur
insuffisance dans l'exercice de leur profession, et pensant que,
pour leur part du moins, ils devaient être capables de comprendre les *crab letters*, firent une pétition au gouvernement.
Elle reçut promptement un accueil favorable, et aussitôt ils
s'appliquèrent assidûment à l'étude de la langue. On raconte
que l'un des trois Nishi, en copiant trois fois complètement un
livre de mots, fit l'étonnement d'un Hollandais qui lui donna le
livre en signe d'admiration. Ces circonstances et bien d'autres,
rapportées au Shogun, excitèrent sa curiosité. Il exprima le
désir de voir un livre étranger ; on lui en procura un dont les
illustrations lui plurent si fort qu'il chargea Noro Genjo, son
médecin, et Awoki Bunzo, un de ses attachés, d'en lire le
contenu autant que possible. Tous deux se mirent à la tâche
avec énergie, mais avec peu de succès. Tout ce qu'ils pouvaient
faire était de se renseigner auprès des interprètes, lorsque les

(1) Caractères japonais syllabiques.

Hollandais venaient à Yédo à chaque printemps pour présenter leurs respects au Shogun. Après deux ou trois ans, ils connaissaient seulement l'alphabet et un petit nombre de mots, tels que soleil, lune, étoile, ciel, homme.

Tel était l'état des choses il y a cent cinquante ans, mais un temps meilleur était proche. Le thermomètre, la chambre obscure, le baromètre, les objets en verre et d'autres curiosités commençaient à se voir fréquemment et servaient à familiariser les gens avec les choses étrangères. Chaque année, pendant que les Hollandais étaient à Yédo, une foule avide d'apprendre se trouvait toujours à leur quartier : notre auteur était du nombre. On leur posait des questions sans nombre sur la médecine, l'histoire naturelle et autres sujets de même sorte. Sugita Fusai était présent lorsqu'un médecin hollandais saigna un malade. Il écrivit alors sous l'influence d'une vive admiration :

« Le chirurgien connaissant exactement jusqu'où le sang devait jaillir plaça un vase à cette même distance. Quand le sang commença à couler, il alla tomber exactement dans le vase. »

C'était la première saignée qu'on eût tentée à Yédo.

Les premières visites de l'étranger durent être pleines de semblables incidents, et sans doute elles firent beaucoup pour accoutumer le peuple à l'aspect et aux objets des étrangers. Mais il faut nous presser de faire connaissance avec ceux qui doivent figurer d'une manière plus évidente dans cette histoire.

De notre auteur (*Sugita Fusai*) je ne puis malheureusement dire grand'chose. D'après les quelques renseignements que j'ai pu recueillir dans les livres, il naquit à Yédo au début du xve siècle. Il reçut une belle éducation et suivit la médecine, profession de son père. Il vécut à Hama-Cho, où sa maison se voyait encore dans ces derniers temps.

Mayeda Riotaku, comme lui médecin, était son aîné de dix ans. Il servait le daimio de Nakatsu, province de Buzen. Mayeda

resta orphelin et fut élevé par son oncle Miyada. D'un esprit
très-excentrique, ce dernier regardait comme un devoir sacré
d'apprendre tout art ou connaissance qui pouvait se rencontrer
dans le monde pour le décrire si complétement qu'il pût être
conservé à la postérité. Le jeune Riotaku fut fidèle à ces instruc-
tions. Médecin de profession, il apprit tout seul une sorte de
musique qui était presque oubliée, nommée *hytoyogiri*, et alla
jusqu'à étudier l'art dramatique. Aussi n'est-il pas étonnant que
l'attention d'un tel homme se portât sur le hollandais. Un jour
ses yeux tombèrent sur un livre hollandais, et il se prit à penser
que, malgré la différence du pays et de l'idiôme, il n'y avait pas
de raison pour qu'une partie de la famille humaine ne comprît
pas ce que l'autre pouvait penser ou écrire. Il apprit l'alphabet
et quelques mots par Awoki, dont nous avons parlé plus haut,
mais cela ne le satisfit pas. Il alla à Nagasaki quelque temps
après et réussit à réunir environ 700 mots, en même temps
qu'un grand nombre d'observations sur sa profession.

Voyons maintenant ce qu'écrivait Sugita, notre héros.

« Je ne puis me rappeler exactement à quelle époque ; c'était
vers le commencement du Meïva 1764-7, au printemps, quand
les Hollandais vinrent, comme d'habitude, offrir leurs respects
au Shogun, Riotaku Mayeda vint chez moi, et comme je l'in-
terrogeais sur l'endroit où il se dirigeait, il répondit qu'il allait
au quartier hollandais pour avoir une conversation avec l'interprète, et s'il obtenait cette faveur, pour commencer l'étude de
la langue. Jeune encore et plein d'ardeur, je fus séduit par
cette idée, je demandai la permission d'aller avec lui, ce qui fut
de suite accordé. Arrivés à destination, nous fîmes connaître
notre plan à Nishi Zenzaburo, le chef interprète de l'année.
Après avoir écouté notre requête, Nishi nous fit une réponse
décourageante. « Il est tout à fait inutile pour vous d'essayer,
nous dit-il ; quoi que vous fassiez, ce n'est pas chose facile de
comprendre ce langage. Par exemple, si nous avons besoin d'eau,
nous n'avons pas d'autre moyen que de commencer par des

gestes. Lorsque nous désirons du vin, nous faisons semblant
de verser du vin dans un verre et alors, l'élevant jusqu'aux lèvres, nous demandons ce que c'est; ils répondent : boisson. Mais
si nous désirons savoir comment se dit boire peu ou boire
beaucoup, nous n'avons pas de moyen de le demander. Je suis
d'une famille d'interprètes et j'ai été habitué à ces choses
toute ma vie. Maintenant j'ai cinquante ans, et j'ai compris
aujourd'hui pour la première fois le sens du mot *to like*. C'est
par cette méthode si ennuyeuse que nous devons apprendre,
nous qui voyons les Hollandais tous les jours. Vous qui habi-
tez Yédo, vous ne devez pas espérer en faire autant. C'est pour
cette raison que ces deux interprètes, Awoki et Noro, qui travaillent beaucoup, ne peuvent faire aucun progrès. Il est donc
préférable pour vous de ne pas commencer du tout.

» Je ne sais pas, continue l'auteur, ce que pensa Riotaku;
mais j'abandonnai entièrement l'idée d'entreprendre une tâche
si embarrassante. »

Mais heureusement pour le Japon, le destin en avait décrété
autrement. Un ami de l'auteur *Nakagawa-Kiowan,* médecin
aussi, servait le même daimio que lui et s'intéressait aux productions des différentes contrées : c'était un visiteur assidu des
Hollandais, chaque fois qu'ils paraissaient à Yédo. Un jour,
c'était en 1771, l'interprète lui montra deux livres hollandais
sur l'anatomie qui étaient à vendre. Il les emporta à la maison,
et parmi ceux qui les virent était Sugita.

Ce dernier ne put pas en lire un mot, mais il fût frappé du
fait que les illustrations des os et des organes les représen-
taient différents de ce qu'il avait cru être. Il aurait désiré
acheter les livres, mais il était trop pauvre. Heureusement, il
réussit à persuader un conseiller du daimio et le prix fut payé
sur le Trésor public. Dès lors Sugita chercha l'opportunité
d'éprouver laquelle des théories était correcte.

Il n'eut pas longtemps à attendre. Le hasard voulut qu'il fût
invité peu de temps après à une dissection qui devait avoir lieu

sur la place d'exécution de Kozukappara. C'était chose qui
n'arrivait pas souvent à cette époque, et Sugita n'était pas
homme à prendre le plaisir pour lui seul. Il savait que quelques-uns de ses amis, parmi lesquels Nakagawa-Kiowan et
Mayeda Riotaku, seraient très-heureux de profiter d'une telle
occasion. Il devait la leur faire connaître à tout prix ; il leur
écrivit, bien que ce fût difficile alors, et leur fixa un endroit
pour se rencontrer le lendemain matin.

Le jour anxieusement attendu arriva : tous furent exacts au
rendez-vous. Mayeda portait avec lui un livre hollandais sur
l'anatomie qu'il avait acheté à Nagasaki quelque temps auparavant ; après examen, ils le reconnurent semblable à l'un de
ceux que Sugita avait pu se procurer. Déjà ils étaient à Kozukappara, la fameuse place d'exécution près d'Asakusa ; l'heure
qu'ils attendaient était arrivée. Ils allaient enfin connaître si
les choses auxquelles eux et leurs pères croyaient étaient vraies
ou fausses, et sans doute le cœur leur a battu bien fort. La dissection fut faite par un vieil exécuteur qui avait quelque expérience à ce sujet.

Le résultat est déjà connu. Ils trouvèrent que leur théorie
était entièrement fausse et la manière dont les figures des
nouveaux livres coïncidaient avec les objets réels excita leur
admiration à un haut degré. Mayeda, Nakagawa et Sugita re-
partirent ensemble. Les évènements qui s'étaient succédé
récemment durent leur paraître arrangés d'avance. Quelle
fortune que Nakagawa fût tombé sur ces livres, que Sugita eût
été capable de les acheter, et qu'ils aient eu la chance de
faire l'épreuve de leurs doutes ! Quelle coïncidence que Mayeda
possédât le même livre ! Pendant qu'ils retournaient douce-
ment vers leur maison, ils devisèrent sérieusement. Quelle
honte ! disaient-ils. Ils avaient vécu toute leur vie de médecin
et ne connaissaient pas jusqu'à présent la construction du corps
humain sur laquelle la science de la médecine est nécessairement fondée. S'ils pouvaient comprendre les vrais principes
d'anatomie par les objets réels qu'ils venaient de voir, s'ils

pouvaient traduire ce livre qu'ils avaient si heureusement obtenu, ils rendraient un immense service à leur pays et n'auraient pas vécu en vain. Ils allèrent ainsi longtemps, et, quand ils se séparèrent, ils étaient tombé d'accord qu'il fallait essayer de connaître ce langage étranger, et que le mieux en telle matière étant de commencer vite, ils commenceraient le jour suivant. Ils s'étaient imposé une lourde tâche, mais ils étaient déterminés à l'accomplir. Quand ils partirent, leurs cœurs étaient peut-être trop pleins pour parler ; mais ils durent se donner une cordiale poignée de main.

. Suivant leur promesse, les trois médecins se réunirent à la maison de Mayeda et causèrent de ce qui s'était passé la veille : ils ouvrirent le livre d'anatomie ; mais c'était vouloir manœuvrer un vaisseau sur l'Océan, pour me servir de la figure de l'auteur. Ils ne savaient que faire. Cependant Mayeda, qui s'était appliqué à cette méthode depuis longtemps, savait complètement l'alphabet et quelques centaines de mots, comme il a été dit plus haut. Il fut donc pris pour guide et les deux autres entreprirent d'apprendre de lui ce qu'il savait. Cela fait, ils attaquèrent le livre. Leur point de départ est intéressant. Il y avait dans le livre une planche de l'extérieur de tout le corps humain avec les noms des différentes parties. Ils connaissaient les noms japonais qui correspondaient à ces parties et purent ainsi les comparer et obtenir un point d'appui qui leur permît de procéder de la construction extérieure à celle de l'intérieur du corps. L'auteur dit :

« A ce moment, nous ne savions rien sur les mots auxiliaires tels que *de het*, *als* et *welke*. Aussi, tout en rencontrant par hasard des mots que nous savions, nous ne pouvions trouver aucun sens, aucune liaison en dehors d'eux. Par exemple, une phrase aussi simple que : *le sourcil est le poil qui pousse un peu au-dessus de l'œil*, était un sujet de confusion, et il nous fallut un long jour de travail jusqu'à la nuit pour découvrir le sens de cette phrase. Un jour que nous arrivâmes au mot *nez*, nous

lûmes à côté. le mot *verheven*. Nous n'avions alors aucun
dictionnaire ; mais en regardant sur la liste de mots que Riotaku avait rapportée de Nagasaki, il y était dit : l'arbre est verheven quand une branche en est coupée ; lorsqu'un jardin est
balayé et que la boue est mise en tas, on se sert du même mot.
Nous réfléchissions, mais sans pouvoir découvrir. Une pensée
lumineuse me vint : quand l'arbre, dont les branches ont été
coupées, guérit, la cicatrice est légèrement élevée, et en outre
la boue accumulée doit ordinairement être élevée. Donc le mot
devait vouloir dire élevé. Tous convinrent que l'explication
était raisonnable et décidèrent que *verheven* devait être traduit
par élevé. Le sentiment de joie que j'éprouvai alors ne peut se
dire. Il me semblait que j'avais obtenu tout un château plein
de pierres précieuses. »

Ce fut par ce procédé qu'ils firent peu à peu leur chemin. Ils
avaient leurs réunions cinq ou six fois par mois et, chose sin-
gulière à dire, en un peu plus d'un an ils étaient capables de
lire en un jour, dix lignes d'impression grossière.

A certaines époques ils s'occupaient d'une dissection ou ou-
vraient des animaux. En deux ou trois ans, ils commencèrent à
prendre tant de plaisir à l'ouvrage, qu'ils attendaient le jour
de réunion « comme un enfant le jour de congé ». Des hommes
tels que *Katsuragawa* s'ajoutèrent à leur nombre, et leur entreprise commença à être bien connue.

Il est intéressant de noter l'objet que chacun avait en vue.
Mayeda, que tous regardaient comme le chef, inclinait vers la
littérature. Son ambition était d'être capable de lire quelques
livres et de s'instruire des affaires d'Europe. Il désirait se dé-
vouer entièrement à cette étude. Il évitait la société et s'amu-
sait paisiblement lui-même à travailler sur ce qu'il désirait
accomplir. Le daimio de Nakatsu, homme d'un mérite rare,
l'appréciait pleinement, comme il est dit plus haut, et l'encou-
rageait de diverses manières. Nakagawa Kiowan s'intéressait aux
productions des divers pays, et il désirait les connaître par le

2

canal des Hollandais. Il mourut vers 1881, à l'âge de cinquante ans, un peu après avoir fini la lecture du premier livre.

Sugita, notre auteur, fut plus pratique. Il avait trouvé que les idées admises au Japon sur l'anatomie étaient fausses et son désir fut de les rectifier. Il voulut aussitôt appliquer la vraie science à des usages pratiques ; plus vite il ferait connaître ce que l'on pouvait voir, mieux cela vaudrait. Il appuyait cette proposition par une comparaison. « Il est beau de voir, tordus ensemble, des fils de cinq (1) couleurs ; mais je me résous à me confiner à une seule couleur, telle que rouge ou jaune, et à laisser le reste. » Après chaque réunion il écrivait ce qui avait été lu dans la journée. C'était certainement un travail difficile. Il était le premier qui eût jamais essayé de traduire, et il eut à résoudre un grand nombre de points qui se présentaient nécessairement dans une semblable tâche. Après quatre ans, après avoir changé les manuscrits d'une manière ou de l'autre, après les avoir copiés plus de onze fois, il réussit finalement à avoir un livre d'anatomie prêt pour la publication. Un livre avait été supprimé simplement parce qu'il contenait l'alphabet hollandais. Il était possible que le même sort fût réservé au sien. Des personnes avaient été emprisonnées pour avoir écrit des livres. Cependant il résolut de se sacrifier à la cause de sa profession, si besoin était ; mais un meilleur temps était venu : non-seulement son livre ne fut pas défendu, mais il réussit même à en présenter une copie au Shogun et à des personnages puissants et influents du pays. Avant sa mort, Sugita eut l'honneur d'une audience du Shogun.

Avec le temps, l'étude du hollandais se répandit de tous côtés. Des élèves de tous les points du pays se groupèrent autour de Mayeda, de Sugita, etc. Quelques-uns, comme Otsuki, Ogata et Udagawa, sont connus de tous et ont rendu de grands services au pays. Les livres étaient excessivement rares à cette

(1) Bleu, jaune, rouge, blanc et noir, sont les couleurs primaires du Japon.

époque et les étudiants devaient les copier. J'ai vu un nombre considérable de volumes manuscrits écrits avec élégance et soin et représentant une immense somme de patience et de travail. Les privations et les duretés par lesquelles passèrent les pauvres étudiants de ces vieux temps sont presque incroyables et sont souvent citées pour aiguillonner les écoliers paresseux de nos jours. Il faut espérer que les survivants de ceux qui ont supporté ces dures épreuves écriront leurs mémoires et laisseront ainsi une fidèle histoire de leurs jeunes années.

Voici brièvement comment l'étude de la langue hollandaise s'introduisit au Japon. C'est un chapitre de notre histoire, digne d'un meilleur chroniqueur que moi. Le bien qui en résulta fut incalculable. Pendant longtemps ce fut la seule voie par laquelle les idées du dehors arrivèrent aux Japonais. C'est par elle que la science médicale du Japon fut vraiment établie. C'est par elle que quelques-unes des lois de la nature furent connues. C'est par elle que l'histoire de l'Europe et du monde fut comprise. Si elle n'avait pas préparé l'esprit public, nous ne pourrions actuellement tirer avantage des facilités que les libres relations avec les autres contrées nous ont données. La plupart des hommes qui ont été au premier rang dans ces dix dernières années appartenaient à cette école. Tukuzawa, professeur et auteur; Terashima, le ministre bien connu des affaires étrangères; Murata Zoroku, le ministre de la guerre durant la révolution; Vanagawa, le fondateur du journalisme japonais, et beaucoup d'autres que je pourrais mentionner ont étudié la langue hollandaise.

L'œuvre que les trois traducteurs accomplirent fut sans doute imparfaite au point de vue moderne, mais c'est une page de notre histoire dont nous pouvons être fiers

Ainsi termine Mitsukupi.

Les Hollandais enseignèrent pendant longtemps la médecine à Nagasaki, mais clandestinement pour ainsi dire; les
véritables écoles étaient celles de science chinoise établies à
Nagasaki, Kioto et Yédo. Ce ne fut qu'en 1857 que l'école
hollandaise fut officiellement reconnue. Voici en quelles circonstances :

En 1849, à la suite d'une terrible épidémie de petite vérole,
dit le docteur Geerts (1), le gouvernement de Tokugawa fit
demander l'aide d'un médecin hollandais, nommé Mohnike,
qui pratiquait la vaccination. Le gouvernement de Yédo observa
à cette époque que les divers médecins japonais qui avaient
étudié, quoique non officiellement, pendant un temps plus ou
moins long avec les Hollandais de Nagasaki, étaient devenus
fameux dans tout le pays, grâce aux bons résultats de leur
pratique. Les médecins japonais, qui avaient suivi depuis des
années le système occidental de médecine, employaient tout
leur pouvoir et leur influence à obtenir un cours officiel
d'enseignement pour les sciences naturelles et médicales. La
stricte observance des règlements s'était fort relâchée depuis
l'apparition de la flotte américaine; le projet d'ouvrir le pays
aux étrangers était évident; le gouvernement se résolut donc
à ériger ouvertement à Nagasaki une école de médecine et un
hôpital. C'est ainsi que, en l'année 1857, Pompe de Meerdervort,
chirurgien de la marine royale hollandaise, fut envoyé tempo-
rairement au Japon. Le premier, il ouvrit au Japon un cours
régulier de médecine occidentale. Ensuite eut lieu l'ouverture
d'une deuxième école à Osaka.

Nous pouvons avoir maintenant une idée des étapes qu'a
suivies l'enseignement de la médecine au Japon. Il est d'abord
exclusivement donné par les Chinois, puis les Japonais y
ajoutent leurs connaissances propres, et il en résulte des
doctrines mixtes, chinoises et japonaises. Cet état dure jusqu'à
la formation de la colonie de Decima, moment où quelques

(1) *On vaccination in Japan*, 1877.

Japonais privilégiés peuvent connaître la médecine de l'Occident par les Hollandais. Puis se produit un fait important, la traduction d'une *Anatomie* hollandaise et la conviction de l'inexactitude de la science chinoise. De ce moment date une série de travaux et de livres où se mélangent les opinions de l'Occident, de la Chine et du Japon; puis l'École hollandaise est reconnue en concurrence avec l'École chinoise. Enfin nous arrivons à la révolution de 1868-69.

Alors le changement est radical, le Japon étudie presque exclusivement les sciences venues d'Occident. Des professeurs sont appelés d'Europe et l'enseignement de la médecine passe des mains des Hollandais qui avaient rendu de si grands services aux mains des professeurs allemands; ceux-ci ont su donner une si bonne opinion d'eux-mêmes aux Japonais que je trouve les lignes suivantes imprimées dans un recueil officiel de l'Université de Tokio :

« En septembre de la quatorzième année de Meiji, c'est-à-dire en 1882, les règlements concernant l'étude du français et de l'allemand sont modifiés. Les étudiants pour les départements des sciences et des lettres sont astreints à étudier *l'allemand*, au lieu de choisir *entre le français et l'allemaud.* Ce changement a été fait afin de permettre aux étudiants de poursuivre leurs études ou professions, pour leur plus grand profit dans l'avenir, depuis que *l'on croit que l'Allemagne est le pays où les sciences ci-dessus ont atteint comparativement leur plus haut degré de développement* (1). »

(1) Tokio Dai Gaku (University of Tokio. *The Calendar of the department of law, science and literature,* 1881-82, publié par Maruga).

L'ÉTUDE DES SCIENCES NATURELLES AU JAPON

Extrait de la *Revue scientifique* de 1883.

Il existe à Tokio une Université désignée sous le nom de Tokio Dai Gaku, qui comprend quatre subdivisions : droit, sciences, médecine, lettres, organisées sur le pied des meilleurs modèles à l'étranger. Le gouvernement japonais fit, pour leur création, de grands sacrifices. Voulant profiter de l'expérience acquise par les autres peuples, il recruta parmi eux des organisateurs et des professeurs bien payés. L'enseignement du droit, des lettres et des sciences fut partagé entre les Français, les Anglais, les Américains et les Allemands. Mais la médecine fut réservée exclusivement à ces derniers. A l'heure actuelle, la loi et le droit français ont prédominé ; la langue anglaise est devenue la langue officielle ; Anglais et Allemands se sont substitués en beaucoup de points aux Français. Les Allemands occupent toujours la médecine. La section médicale est du reste la plus importante ; c'est celle qui attire le plus d'élèves. En 1880, la médecine comptait 1.040 élèves, contre 238 pour les trois autres sections. C'est d'elle que je m'occuperai spécialement dans cet article (1).

(1) On trouvera des renseignements sur le même sujet dans les ouvrages suivants :

HISTORIQUE

Dès 1869, le gouvernement japonais, qui avait confié la réorganisation de son armée à une mission militaire française, songeait à réformer son enseignement médical, mais spécialement dans le but de la médecine militaire, et demandait à la Prusse une mission médicale. L'armée et ce qui s'y rattache furent la première préoccupation de ce peuple belliqueux. Cependant' cette idée d'une réforme restreinte fut assez rapidement abandonnée, et la réforme totale de l'enseignement médical convenue.

C'est dans ce but que deux médecins militaires, les docteurs Hoffmann et Muller, furent envoyés de Prusse au Japon, après la guerre franco-prussienne de 1870. Sur l'invitation du gouvernement japonais, ils élaborèrent un projet de règlement pour la nature, le mode et le temps des études réformées, pour la situation des professeurs et des élèves, les examens et les grades.

Les organisateurs demandaient que l'enseignement fût donné en allemand, directement et sans interprètes, et, pour cela, il fallait créer une école préparatoire où les élèves apprendraient cette langue en même temps que les éléments des sciences naturelles, physiques et chimiques, avant d'entrer à l'école de médecine proprement dite.

Le règlement proposé fut accepté, sauf un point : le gouver-

1° *Annuaire de l'Université de Tokio,* publié en anglais, pour 1880-1881-82 ;

2° Tokio Dai Gaku, I Gaku Bu Ichi Ran, *Annuaire de la section médicale de l'Université de Tokio,* 1880-81-82, publié en langue japonaise.

3° Wernich, *Fortschritte der medicin in Japan (Berliner Wochenschr.,* 1875).

4° Maget, *les Médecins et la Médecine au Japon (Archives de médecine navale,* 1876, p. 357); mémoire un peu léger.

5° Cutter, *Enseignement médical au Japon (Boston medical and surgical Journal,* t. VIII, n° 13, p. 294, 28 septembre 1882).

nement se réservait la direction et l'administration de l'école ;
on créa immédiatement après, en 1872, les deux subdivisions
de l'école, la partie préparatoire et la partie spéciale. Dix professeurs furent appelés d'Allemagne pour remplir les diverses
chaires, et les cours commencèrent en 1872-73 par l'intermédiaire d'interprètes ; mais bientôt arrivèrent les élèves capables
de comprendre la langue étrangère, et depuis lors est pratiqué
l'enseignement direct en 'allemand. La première installation fut
provisoire, mais on prépara sur les plans allemands des locaux
vastes et bien situés pour l'enseignement théorique et pratique
dans les hôpitaux. La bibliothèque, les collections d'instruments,
se constituèrent lentement.

En 1877, l'école prit possession de ses nouvelles constructions à Kaga Yachiki.

En même temps que l'État japonais faisait venir des professeurs allemands, il envoyait à l'étranger douze jeunes médecins
intelligents, qui devaient se préparer au professorat en se per-
fectionnant dans la connaissance des sciences occidentales.

Trois ans après les débuts de l'école allemande, les écoles
hollandaises d'Osaka et de Nagasaki furent supprimées ; mais
dès l'année suivante, 1876, il fallut les remplacer par une école
de langue japonaise qui devait enseigner, suivant les règlements nouveaux, la science occidentale, mais pour laquelle le
stage dans l'école préparatoire était supprimé et les examens
moins sévères. Un hôpital spécial, le Shitaya Bioïn, fut annexé
en 1879 à cette nouvelle école.

A partir de 1876, il existe donc dans la Faculté de médecine
de Tokio deux subdivisions, l'une plus sévère, l'école allemande ; l'autre plus clémente, l'école japonaise. Les grades
obtenus dans ces écoles varient d'importance et constituent,
pour ainsi dire, deux classes de médecins. Ceux de l'école allemande peuvent exercer de suite après l'obtention de leur
diplôme, les autres doivent encore subir un examen d'état.
Les premiers sont assurés de places gouvernementales dans
l'armée, la Faculté de médecine, les écoles, les hôpitaux de

province ; les seconds n'obtiennent qu'un petit nombre de places : cependant ils servent au recrutement de l'armée.

Les deux écoles de Tokio étaient, depuis 1876, les seuls endroits du Japon où l'on pût acquérir le grade et le savoir de médecin. Mais le nombre des médecins qui en sortaient était bien inférieur aux besoins de la population, et les provinces éloignées ne pouvaient facilement profiter des bienfaits de la nouvelle instruction. Pour multiplier les centres d'enseignement et étendre la connaissance des sciences occidentales, le ministre de l'instruction publique autorisa, en 1882, l'ouverture d'écoles provinciales sous la direction des docteurs de l'école allemande.

ÉCOLE DE MÉDECINE DE LANGUE ALLEMANDE

(Cours préparatoire.) (1)

Pour entrer dans cette division préparatoire, il faut avoir quatorze ans au moins et vingt ans au plus. Il y a, chaque année, un examen d'entrée qui porte sur le japonais, les mathématiques, l'allemand (thème et dictée). En plus de l'instruction, on prend aussi en considération l'état de santé des candidats, et une visite corporelle a lieu.

On continue dans ce cours l'étude du japonais, du chinois ; on étudie à fond l'allemand, de façon à le parler et lire couramment ; on étudie un peu de latin pour son application aux étymologies, puis l'histoire, les mathématiques, l'algèbre, la géométrie, même la trigonométrie, et enfin les éléments de chimie, physique, botanique et histoire naturelle. Des examens annuels permettent de suivre l'élève et de le renvoyer en cas d'insuffisance. Ce cours est officiellement d'une durée de cinq années, mais il peut être abrégé d'une ou deux années.

(1) Tokio Dai Gaku, I Gaku Bu Ichi Ran, *Annuaire de la section médicale de l'Université de Tokio*, d'après une traduction de M. Namba, japonais distingué, envoyé en France pour étudier les sciences physiques.

ÉCOLE DE MÉDECINE DE LANGUE ALLEMANDE
(Cours supérieur.)

Une fois admis dans ce cours supérieur, l'étudiant entre à l'École de médecine proprement dite. Il continue pendant quelque temps encore l'étude des sciences dont il a puisé les éléments dans le cours préparatoire; puis il aborde les diverses branches de la médecine dans l'ordre habituel. La zoologie et la botanique lui sont enseignées encore chacune pendant un semestre; la physique et la chimie pendant deux ans (quatre heures par semaine). Les diverses parties de l'anatomie et l'histologie l'occupent deux ans. Pendant les dix-huit premiers mois, il y a douze leçons par semaine sur ce sujet. Le dernier semestre comprend six heures par semaine de maniement du microscope. Les études pratiques marchent de pair avec la théorie. La physiologie est enseignée en deux semestres, douze heures par semaine le premier semestre, dix-huit heures le second. Dans la troisième année commence l'enseignement de la pathologie (interne et externe), simultanément avec la matière médicale et la toxicologie, la préparation et l'analyse des médicaments; puis viennent l'anatomie pathologique et la clinique. Les deux dernières années sont consacrées à l'étude théorique et pratique des maladies. La salle où se fait la leçon dogmatique est celle où les malades du dehors viennent demander des consultations. Elle touche à l'hôpital, et, sans perte de temps, les élèves passent d'un exercice à l'autre. Chaque consultant sert de prétexte à une leçon. Il a été d'avance examiné par un élève qui présente par écrit son diagnostic au professeur et lit l'observation qu'il a rédigée en allemand. On discute alors ce diagnostic en présence des autres étudiants.

Il existe des cours spéciaux pour l'ophtalmologie, la gynécologie, les affections mentales. L'hôpital n'est pas spécialisé et peut admettre des spécimens de toutes les maladies intéressantes.

Les divers bâtiments nécessaires à l'enseignement médical
ont été, pour l'école allemande, réunis sur une colline dans
l'enceinte d'une vaste propriété nommée Kaga Yashiki. L'hôpital, les salles de cours, les amphithéâtres de dissection, les
laboratoires des diverses branches de la science y sont réunis,
de même que l'école de pharmacie. L'emplacement est assez
vaste pour qu'on y ait bâti de vastes locaux à la disposition des
élèves, des habitations confortables pour les professeurs étrangers, et que cependant il reste encore beaucoup de terrains
vagues.

Le programme des études est très-chargé, comme on peut
s'en rendre compte par le petit tableau suivant emprunté à
l'Annuaire de l'Université de Tokio. Un étudiant de première
année, dans le deuxième semestre, doit suivre, par semaine,
quatre heures de physique, quatre heures de chimie, quatre
heures de botanique, six heures de dissection, six heures d'histologie, soit vingt-quatre heures de cours. Dans le deuxième
semestre de la troisième année, il suivra quatre heures de
pathologie externe, quatre heures de pathologie interne et
anatomie pathologique, six heures de matière médicale et
toxicologie, six heures de préparation de médicaments, six
heures d'analyses, soit vingt-six heures par semaine.

Les cours supérieurs durent cinq ans; chaque année comprend deux semestres : celui d'hiver, qui va du 1er décembre au
31 mai, et celui d'été, qui s'étend du 1er juin au 30 novembre.
A la fin de chaque semestre, en novembre et en mai, ont lieu
des examens. L'étudiant doit répondre d'une manière satisfai-
sante à la majorité des questions posées. Il redouble le cours
dont il n'a pu subir l'examen. Quatre refus successifs entraînent
l'exclusion de l'École.

A la fin des cinq années, l'élève en médecine doit, pour con-
quérir son diplôme, subir un examen définitif qui résume tous
les autres et porte sur les matières de l'enseignement de toutes
les années, mais pas sur toutes à la fois. Elles sont classées en
plusieurs groupes, dont chacun est l'objet d'épreuves spécia-

les. Il n'est pas sans intérêt de lire le détail de ces examens.

La première série d'épreuves, ou examen n° 1, porte sur l'anatomie et la physiologie. Elle est divisée en quatre épreuves : l'une sur l'anatomie théorique, l'autre sur l'histologie, la troisième sur la dissection, et la quatrième sur la physiologie. Ces diverses épreuves sont passées à quelques jours d'intervalle. Les élèves ne sont mis en série que par quatre; aussi les examens définitifs peuvent durer plusieurs mois. La session d'examen, qui commence en février, peut finir en juin.

La deuxième série d'épreuves, examen n° 2, porte sur la pathologie externe et les maladies des yeux. Cet examen est composé d'une partie théorique et d'une partie pratique. L'épreuve pratique consiste à suivre pendant plusieurs jours un malade sous les yeux du jury, à prendre des notes sur lui et à remettre enfin une observation écrite qui sert de base au jugement.

La troisième série, examen n° 3, comprend la pathologie interne, la gynécologie, les accouchements, la thérapeutique, et est composée d'épreuves théoriques et pratiques, comme dans le cas précédent.

Il faut, comme on le voit par ce rapide énoncé, que l'élève japonais donne des preuves de connaissances aussi bien théoriques que pratiques, qu'il se montre fort sur le livre et au laboratoire ou à l'hôpital. La formalité de la thèse, toujours onéreuse pour le candidat et souvent inutile pour la science, n'existe pas; mais l'observation écrite que doit fournir l'élève à chacune de ses épreuves cliniques est, pour le juger, un point de repère suffisant.

Il existe cinq espèces de notes. Les deux inférieures entraînent l'ajournement, l'une à un mois, l'autre à quinze jours; mais il ne peut y avoir plus de trois refus sous peine d'exclusion.

Le grade acquis par ces laborieux examens est celui de *I Gaku Shi*, équivalent à notre doctorat.

Les études de l'École de langue allemande durent, comme

on le voit, huit ans en moyenne. Cette longue durée fut un
sujet d'étonnement au début pour les Japonais qui reçurent
les projets de réorganisation ; mais ils eurent le bon sens de se
confier à ceux qu'ils avaient appelés. On ne peut cependant
pas dire que l'installation de l'Ecole se soit faite sans difficultés. L'administration déployait une lenteur orientale dans
ses améliorations urgentes et accablait de travail les professeurs qu'elle avait appelés.

Des professeurs.

Ils furent d'abord au nombre de dix, Allemands pour la plupart, et depuis lors, l'enseignement de la médecine leur paraît
réservé. Les uns appartiennent au cours préparatoire, les autres
au cours supérieur.

L'École de médecine proprement dite n'a qu'un personnel
enseignant restreint ; le professeur de clinique médicale est en
même temps chargé de la pathologie interne, de la pathologie
générale, de la thérapeutique, de la gynécologie et de l'anatomie pathologique. Le professeur de clinique chirurgicale doit
également enseigner tout ce qui se rattache à la chirurgie et
en particulier les maladies des yeux. Les professeurs d'anatomie et de physiologie sont un peu moins occupés. Disons, à
la louange de tous, qu'ils s'acquittent de leur pénible tâche
avec un grand zèle, ce qui leur a valu l'appréciation qu'on a
faite d'eux et de leur patrie dans un passage de l'Annuaire de
l'Université que j'ai cité dans un autre article.

Des étudiants.

Les étudiants que les premiers professeurs allemands trouvèrent étaient pour la plupart fort peu instruits. Les uns
n'avaient suivi que l'enseignement chinois qui ne devait plus
compter, d'autres avaient assisté à quelques leçons des Hollandais, noté quelques recettes et composé pour leur usage un
mélange informe qui ne méritait pas le nom de science médi-

cale. Parmi les élèves des écoles hollandaises beaucoup savaient à peine lire ou épeler le hollandais; il leur était aussi impossible de profiter des leçons que des livres.

Ces étudiants appartenaient jadis aux classes inférieures et peu instruites de la société, ils se pressaient de terminer leurs études pour gagner leur vie, et, comme des règlements sérieux ne les maintenaient pas, ils en faisaient à leur guise. Les écoles hollandaises ne sont pas responsables de l'insuffisance de leurs connaissances. Un personnel d'élite s'était d'ailleurs formé à leurs leçons : les médecins attachés au daïmio, pour lesquels les besoins de la vie n'étaient plus pressants, et le temps à consacrer à l'étude existait. Ce fut parmi eux que les Allemands cherchèrent leurs premiers aides.

La révolution japonaise supprima les charges des *samouraïs* ou officiers des *daïmios*. L'État accorda à leur titulaire des indemnités directes ou déguisées sous forme de places diverses, mais il fallut désormais abandonner la vie oisive d'hommes d'armes et travailler pour vivre. Un grand nombre de jeunes gens, enfants de cette classe intelligente, instruite et énergique, en furent réduits à chercher une nouvelle situation. Ils peuplèrent les diverses écoles de gouvernement. Leur arrivée dans l'École de médecine en éleva le niveau intellectuel.

Ces jeunes gens, après avoir obtenu leur grade de I Gaku Shi, ont en perspective des places dans l'armée, la marine, les hôpitaux, pour le service de l'État ou des départements. D'autres ont leur avenir dans l'enseignement de la capitale ou des départements.

Il y a à Tokio quinze aides d'anatomie et prosecteurs et seize assistants qui sont dans la voie du professorat.

L'État vient en aide aux étudiants pendant le cours de leurs études. Dans les vastes constructions de Kaga Yashiki les étudiants sont logés gratuitement sur leur demande, quand il y a de la place ; en outre, il est institué des bourses qui sont de deux catégories. Dans un cas, l'État prête de l'argent à l'élève, qui devra le rembourser plus tard. Dans l'autre, il donne la bourse telle que chez nous, comme une libéralité, sans espoir de retour. Il n'y a pas de concours pour obtenir ces subsides; on se base, pour les accorder, sur l'état de fortune, la valeur intellectuelle et même l'état physique du demandeur. Le secours que reçoit l'étudiant est de 6 yen ou 30 fr. par mois; il est en outre logé gratuitement. On comptait, en 1881, 120 élèves ainsi soutenus sur un total de 1.000 à 1.200. Mais déjà le gouvernement a modéré ses libéralités. Il continue néanmoins à faire des sacrifices pour assures les progrès des sciences médicales. Il choisit tous les ans ou les deux ans quelques jeunes gens distingués qu'il envoie en Allemagne pour se perfectionner. Sept I Gaku Shi japonais sont actuellement en Europe aux frais du gouvernement japonais.

Dans l'École allemande les élèves sont en général studieux et appliqués à l'étude, quelquefois même avec une ardeur préjudiciable à leur santé. Ceux des cours supérieurs forment une véritable élite et ils ont dû, depuis longtemps, manifester leur zèle laborieux pour arriver à ce point. Après huit ans consacrés à l'étude des caractères chinois et de l'histoire et la littérature orientale, les élèves ont dû non-seulement entreprendre l'étude de la langue d'une nation étrangère, mais recommencer, sur sa méthode, toute leur instruction. Ils ont donc étudié sa littérature, son histoire, les éléments des sciences, le latin et même le grec, avant d'entreprendre enfin les sciences naturelles et médicales. On voit de quel bagage scientifique il leur a fallu se charger. J'honore ces jeunes gens qui vous racontent modestement la série des travaux qu'ils ont faits et je les offre en modèle à toute la catégorie des étudiants de notre pays qui ont tant de moyens d'études à leur disposition et qui en profitent si peu.

Les élèves japonais qui sont au-dessous de là tâche qu'ils ont entreprise sont arrêtés dès les premiers examens.

Il est curieux de savoir quelle est l'aptitude de ces élèves pour les diverses parties de leurs études. Leurs progrès sont rapides dans les langues étrangères allemande et latine, la géographie,

la géométrie. Quant aux mathématiques, on trouve un obstacle
à leur étude dans l'usage de la machine à compter, si répandu
dans le pays. Ils brillent dans l'étude de la zoologie, la botanique,
la physique et la chimie, dans les exercices d'anatomie et de
médecine opératoire. Tout ce qui dépend de la mémoire ou de
l'habileté manuelle leur réussit. Mais, quand on arrive aux
sciences de raisonnement, de déduction, le résultat est moins
bon. Pour cette raison, la physiologie commence à leur offrir
des difficultés. De même la clinique ou l'application de leurs
connaissances en pathologie sur le malade. Ils apprennent bien
la description des livres, savent quels médicaments et quelles
doses conviennent dans tel cas; l'analyse des divers symptômes
des malades sur lesquels ils s'exercent est souvent d'une
remarquable perfection, mais le diagnostic ne s'en déduit pas
toujours naturellement, comme on s'y attendait. Wernich, qui
a écrit sur ce sujet, insistait sur le peu de développement de la
faculté de raisonnement. Cependant son jugement est mêlé
de réticences. Il reconnaît qu'à l'époque où il observait, il
pouvait exister une cause d'erreur dans son appréciation. Au
début, la communication entre professeur et élèves devait se
faire par interprètes et il en résultait certainement une difficulté dans l'appréciation des uns sur les autres. *Traduttore
traditore.*

Remarquons en outre que beaucoup des jeunes gens observés
n'ont pas dépassé vingt ans et qu'aucune de leurs qualités intel-
lectuelles n'est encore nettement dessinée. Puis ce qui est vrai
pour quelques-uns ne doit pas être généralisé pour tous. Ceux
qui ont vu de près les hommes éminents du pays abandonnent
cette idée de l'infériorité de leur jugement. D'autre part, le bon
sens est réservé dans tous les pays à une élite qui lui doit son
succès dans les sciences ou les professions. Pour ma part, ayant
suivi à plusieurs reprises les élèves de l'École de médecine allemande qui s'exerçaient à reconnaître les maladies des consultants et soumettaient leur diagnostic écrit au contrôle du professeur, j'ai constaté qu'ils donnaient une proportion de bons

diagnostics supérieure à celle des élèves de beaucoup de nos cliniques. (Il est vrai qu'il s'agit d'une élite comparable à celle que constitue chez nous l'internat.) Cependant les professeurs actuels des diverses écoles signalent tous la même tendance à rester dans la partie théorique des études, la même paresse à mettre en pratique les connaissances acquises.

Dans ce fait, constaté à plusieurs reprises, je crois qu'il faut voir un effet de l'éducation. La différence de race, de conformation crânienne ou cérébrale n'y est pour rien.

Les enfants sont, pendant toute la durée de leurs études, obligés, par l'étude des 30.000 caractères chinois, de développer presque exclusivement leur mémoire. Ces caractères ne font pourtant pas la matière exclusive de l'enseignement; on y joint des données historiques, philosophiques, scientifiques qui doivent développer les autres facultés. Néanmoins pendant tout le temps que l'enfant met à apprendre à lire, c'est-à-dire sept ou huit années de son existence, la mémoire joue le principal rôle ; le plus savant est celui qui a retenu le plus de caractères, car on n'arrive jamais à les savoir tous. L'écriture chinoise nous paraît modifier le développement intellectuel des Japonais et constitue un des grands obstacles que ce peuple devra vaincre pour arriver à la perfection dans les sciences occidentales.

ÉCOLE DE MÉDECINE DE LANGUE JAPONAISE

Pour entrer dans cette division, le candidat doit avoir dix-huit ans au moins et être en état de passer un examen satisfaisant sur les langues chinoise et japonaise, sur les mathématiques, la géométrie, la chimie élémentaire, la botanique et la zoologie.

Le cours de médecine est de quatre ans. Les sujets d'étude

sont les mêmes que pour la section allemande, mais les études n'y sont pas aussi sérieuses. La physique, la chimie, les sciences accessoires sont un peu délaissées; on étudie un an l'anatomie, six mois la physiologie. Mais le temps consacré à apprendre la pathologie, à suivre les cliniques, est le même que dans l'autre École. Moins de sciences, moins de laboratoire, beaucoup de pratique. Le but évident est de faire plutôt des praticiens que des savants.

La première année, les cours de l'École japonaise portent sur la physique, la chimie, la zoologie, la botanique et l'anatomie. Celle-ci l'emporte en importance; elle est enseignée toute l'année douze heures par semaine. Dans la seconde année, il y a, pendant le premier semestre, douze heures de physiologie et six heures d'histologie et d'embryologie par semaine. Dès le second semestre de cette année, on commencera les pathologies externe et interne, avec la matière médicale et la chimie médicale.

La moyenne des heures de cours par semaine est de vingt-quatre.

Les années suivantes sont consacrées à l'étude théorique et pratique des maladies, des pansements, des traitements. L'étude des accouchements occupe six mois; l'hygiène, pareil temps. Elle joue un rôle important dans les études, et, sans parler de l'enseignement, le gouvernement japonais s'est rendu compte de l'importance de cette science. Il a créé une institution spéciale qui est destinée à veiller sur la santé publique et à proposer toutes les mesures nécessaires : c'est le Bureau central de santé, dont les efforts ont déjà abouti à de sérieux résultats.

Il y a deux examens annuels, à la fin de chaque semestre d'été et d'hiver. Les examens sont peut-être moins complets que dans l'autre École; mais, à cause du nombre des étudiants, les règlements sont très sévères. Un premier refus est toléré, et l'étudiant redouble le cours; mais un *deuxième* insuccès entraîne l'exclusion de l'École. Même en cas de maladie, l'absence aux examens de deux sessions consécutives est éliminatoire.

Le titre obtenu n'est pas semblable à celui de l'autre École. L'élève obtient simplement un certificat de fin de cours qui ne donne pas le droit d'exercer tout de suite. Il faut passer encore par une série de formalités. Les médecins de cette catégorie sont dans une situation inférieure. Ils peuvent cependant être admis dans les cadres de l'armée et dans quelques services publics.

L'École de langue japonaise compte parmi ses professeurs des hommes distingués, qui, pour la plupart, ont fait leurs études en Europe. Je ne puis les juger que par leurs œuvres, et en particulier par la chirurgie, dont les résultats ont été mis sous mes yeux et révélaient une connaissance approfondie des procédés opératoires et une grande hardiesse chirurgicale. La visite de l'hôpital de Shitaya m'a laissé la meilleure impression à ce point de vue. La méthode antiseptique y est employée avec ferveur. J'ai observé des opérés en voie de traitement, et j'ai parcouru la collection de photographies retraçant les opérations anciennes. Je témoigne à M. le professeur Hassimoto ma reconnaissance pour l'accueil bienveillant qu'il m'a fait et la complaisance qu'il a mise à me montrer tout ce que je désirais.

Cutter juge sévèrement, trop sévèrement, les élèves en médecine de l'École japonaise. « Peu de ceux, dit-il, qui entrent dans cette section, et ils sont nombreux, continuent à suivre tous les cours jusqu'à la fin ; la majorité suit les leçons et les cours pendant deux ans au plus et s'use dans les plaisirs de Tokio. Négligeant les examens, ces étudiants se font délivrer l'autorisation de pratiquer dans certains districts. Cette catégorie, d'après Cutter, est connue dans le monde des étudiants plus forts sous le nom de Yabou. » C'est un terme de mépris, *médecin de bambou,* comme nous dirions médecin de r ien.

RÉSULTATS DE L'ENSEIGNEMENT DES DEUX ÉCOLES

Depuis que l'École allemande fonctionne, elle n'a formé jusqu'en 1882 que 65 médecins de grade supérieur.

Depuis un temps plus court, l'École japonaise,, fondée en 1876, a fourni 135 médecins.

Dans ces conditions, le renouvellement médical du Japon se serait fait avec une grande lenteur ; mais déjà des mesures sont prises pour hâter la divulgation de la véritable science dans l'empire. Dès 1878, on constatait l'insuffisance des Écoles alors existantes, et le Bureau central de santé concluait à la création d'Écoles nouvelles (1).

Sur la population (dit le rapport) de ce pays, estimée à 33.358.000 habitants, il y a 33.503 personnes enregistrées comme médecins, c'est une proportion en chiffres ronds de 1 médecin pour 1.000. Beaucoup de médecins désignés par ce titre pratiquent depuis une époque où aucun examen n'était demandé.

Aussi une forte instruction des étudiants en médecine actuels est-elle un sujet qui demande beaucoup de sollicitude ; mais la section médicale de l'Université de Tokio est la seule institution du pays qui donne un enseignement complet. Les jeunes gens qui y poursuivent leurs études sont seulement au nombre de 400 ou 500. Admettons que tous obtiennent leurs grades, mêmes alors ils ne formeraient que la soixantième partie des praticiens anciens. Ce sera une lourde tâche d'obtenir un nombre suffisant de médecins méritant réellement ce titre pour remplacer progressivement les 30.000 qui pratiquent actuellement au Japon sans connaissances satisfaisantes. L'institution

(1) *Annual Report for central sanitary Bureau*, 1878 article MEDICAL STUDENTS.

dans les villes et les départements d'un enseignement abrégé
et pratique de la médecine devrait, dans les circonstances pré-
sentes, donner les plus grands avantages et doit être recom-
mandé par le Bureau central de santé, disait, en terminant,
l'article que je viens de citer.

En effet, c'était ouvrir un débouché à quantité de jeunes gens
qui, pour des raisons de fortune, ne pouvaient se rendre à Tokio
et en étaient réduits à suivre un cours irrégulier dans quelque
hôpital de province; faisant forcément des médecins incomplets.

L'établissement des écoles secondaires se fit attendre jusqu'en 1882. Il fut autorisé par le ministre de l'instruction
publique, M. Fukuoka, le 27 mai de cette année.

Un hôpital doit être annexé à chaque école de nouvelle création. Ces écoles sont de deux sortes. L'une est destinée aux
jeunes geus qui commencent. On y reçoit toute l'instruction
qui est nécessaire pour obtenir des grades semblables à ceux
de l'École japonaise. Elle doit compter parmi ses professeurs
au moins trois I Gaku Shi et est tenue à donner un certain
nombre de cours par semaine.

L'autre est destinée à des hommes plus avancés en âge qui
veulent régulariser leur situation. Les cours s'y feront plus
rapidement.

Ces diverses écoles secondaires sont sous la surveillance de
l'école de Tokio.

Ces écoles ont pris rapidement de l'importace, et, pour en
donner une idée, je citerai ce que dit, à propos de l'une d'elles,
Cutler, auquel j'emprunte les renseignements.

ÉCOLE DÉPARTEMENTALE D'OKAIYAMA

Okaiyama, province de Bizen, près de la mer intérieure, à
l'ouest d'Osaka, fut la première ville pourvue d'un hôpital qui
jouit de l'école de médecine permise par la notification minis-

térielle. Cette école comprend quatre l Gaku Shi et un pharmacien. Elle possède un hôpital de quatre-vingt-cinq lits. On
y comptait en 1881-82 plus de deux cents étudiants venus des
parties les plus peuplées de l'empire, des îles Kiusiu et Shikoku,
de l'ouest et du sud de Nippon. C'est la plus florissante des
écoles actuelles de province ; désormais ses gradués peuvent
pratiquer dans tout l'empire sans être astreints à toutes les
anciennes formalités.

D'UN OBSTACLE AUX PROGRÈS DE LA MÉDECINE

On vient de voir dans les lignes qui précèdent par quels
moyens le gouvernement japonais a cherché à rendre prospère
et profitable l'enseignement de la médecine. Il a organisé des
écoles, des hôpitaux, appelé des professeurs de l'étranger,
envoyé ses élèves à l'étranger. Cependant tout n'est pas fait,
car il reste au moins un obstacle à la perfection de l'enseignement et aux progrès des connaissances : c'est le respect du
cadavre, dû à une coutume religieuse commune à tout l'Orient,
et qui n'a pas été touchée par la révolution. Du reste, en Occident, la même cause rendit pendant longtemps les recherches
anatomiques impossibles, et aussi la médecine fut stationnaire
près de mille ans, de Galien à Vésale.

Au Japon, il n'y a pas impossibilité absolue de faire des recherches anatomiques, qui sont la base et le complément de
l'instruction médicale, mais il y a pénurie de sujets d'étude.
La clinique médicale de Tokio n'a qu'une moyenne de dix-huit
ouvertures de corps par an, et ce nombre semble devoir dimi-
nuer encore.

La cause principale de cet état est dans l'organisation hospi-
talière. La plupart contiennent trois classes de malades, dont
les deux premières paient et ne se soumettent pas à l'autopsie ;
la dernière classe seulement, composée de malades soignés

gratuitement, peut donner des corps à l'amphithéâtre. Mais ces malades, connaissant le sort qui attend leur dépouille, cherchent presque toujours à s'y soustraire. Ils se laissent soigner jusqu'au dernier moment et se font emporter chez eux à l'article de la mort. Les cadavres des prisonniers et même des suppliciés ne servent pas à l'enseignement.

Naturellement, l'étude des branches de la science médicale qui demandeut des exercices répétés sur le cadavre s'en ressent. Un petit nombre de corps peuvent à la rigueur servir à apprendre l'anatomie et la médecine opératoire, qui sont semblables sur tous les sujets. Grâce au talent des professeurs et à l'habileté des élèves, il s'est ainsi formé une jeune génération de bons chirurgiens. Mais d'autres sciences, l'anatomie pathologique, l'anthropologie, réclament un grand nombre d'ouvertures pour montrer la diversité des lésions ou des conformations. Un exemple des plus frappants des retards qu'impose cette pénurie aux progrès scientifiques, c'est l'histoire des maladies spéciales du Japon, le Kakké, les parasites du foie et du poumon. Depuis dix ans que divers observateurs travaillent ces questions, les nécropsies ont été assez peu nombreuses pour que le doute sur la nature de ces affections subsiste encore. De même pour l'anthropologie; il existe des peuplades de l'empire, les Aïnos, dont on n'a pu encore se procurer un exemplaire du crâne.

ÉCOLE CHINOISE

L'École chinoise de praticiens, bien qu'elle ne soit pas reconnue par le gouvernement, et que ses membres ne puissent exercer que sous le contrôle du ministère de l'intérieur, se maintient encore en nombre, mais elle n'augmente pas en raison de la population.

COMPARAISON ENTRE L'ANCIEN ET LE NOUVEAU CORPS MÉDICAL.

Deux catégories de médecins et deux systèmes de médecine se trouvent en présence et en lutte au Japon.

Les anciens médecins jouissaient de privilèges. Ils pouvaient porter certains vêtements réservés aux classes supérieures (1). Ils attachaient une grande importance à leur extérieur. Ils s'habillaient de couleur sombre, se faisaient raser la tête comme des bonzes. Ils s'avançaient avec lenteur, voiturés dans leur chaise à porteurs. Ils devaient avoir l'air grave qui convient à un homme absorbé dans ses pensées. Arrivés près du malade, ils tâtaient le pouls aux deux bras en même temps très-longuement, méditaient sur toutes ses variations en se composant un visage pour exprimer l'importance de leurs opérations mentales. C'était la partie la plus importante de la consultation. Toute l'ordonnance, d'après la médecine chinoise, consistait en médicaments à prendre à l'intérieur. La chirurgie était inconnue et réduite à l'acupuncture, au moxa ou au massage.

Malheureusement ces trois moyens thérapeutiques avaient été accaparés par d'ignorants spécialistes qui en faisaient un usage non raisonné, sinon intempestif. Aujourd'hui quelques médecins de science chinoise pratiquent encore l'acupuncture, mais la plupart du temps elle est faite par des hommes sans aucun savoir. Le massage est exploité par les aveugles, et tout le monde applique des moxas. Pour la plus futile raison,

(1) Lorsque les écoles hollandaises furent ouvertes, et jusqu'à la réorganisation allemande, les étudiants en médecine arrivaient au cours avec deux sabres au côté, et M. le docteur Geerts, qui fut leur professeur, me racontait qu'il avait eu toutes les peines imaginables à les leur faire enlever. Ils en gardaient au moins un.

les Japonais se font appliquer l'un de ces remèdes, et il n'en
est peut-être pas un seul dont la peau ne soit pas maculée par
les cicatrices de moxas.

A ces trois variétés ne se borne pas la liste des guérisseurs.
Il faut y joindre comme ailleurs les prêtres détenteurs d'eaux
miraculeuses et les commères en possession de remèdes secrets de famille. La médecine occidentale doit lutter contre
tous ces représentants du passé; mais je veux distinguer avec
soin de ces empiriques les médecins chinois, qui, du moins,
avaient pour guide une théorie scientifique réelle, quoique
fausse.

Les écoles hollandaises n'avaient que peu modifié les connaissances de la majorité des médecins, à cause de la liberté
individuelle laissée à l'étudiant, et nous savons qu'à part les
médecins des princes, le reste avait un bagage scientifique léger
ou insuffisant.

Les médecins de la nouvelle école, comptant sur leur science
pour se faire valoir, ont abandonné les habits distinctifs, prennent indifféremment le vêtement européen ou japonais : plus
de tête rasée, plus de figure composée. Ils n'attachent plus
d'importance à la manière de prendre le pouls, mais les malades ont conservé les vieilles habitudes. Ils tendend le second
bras, tout étonnés qu'on ait oublié d'y chercher l'artère.

C'est par le succès des traitements et des opérations que la
jeune génération se fait connaître, et déjà on peut prévoir
qu'elle l'emportera sur ses rivaux. Le public se rend compte de
la différence des deux méthodes scientifiques. On peut surtout
en juger par les résultats qui s'observent en province, où l'influence européenne n'a pas pénétré. Les nouveaux I Gaku Shi
des hôpitaux départementaux, à Okaiyama, en particulier, se
voient débordés par le nombre de leurs consultants, et ils ont
été obligés d'établir un chiffre maximum d'admissions par
jour.

Il est relativement plus difficile d'obtenir le titre de médecin
au Japon que dans notre pays, à cause de la sévérité des règle-

ments. En effet, l'insuccès à plusieurs examens a éliminé un grand nombre des aspirants, et il y a eu en outre des renvois pour infraction aux règles de bonne conduite et moralité. Mais la situation des premiers médecins sortis de l'école allemande est bien supérieure à celle que donne le titre de docteur. Des jeunes gens de vingt-cinq ans trouvent, tout au début de leur carrière, des places bien rétribuées dans l'armée, la marine d'État, les écoles et les hôpitaux départementaux. Ils ont un titre pour se mettre en relief et souvent un hôpital pour se donner de l'expérience. Leurs appointements sont souvent considérables (1) et les bénéfices de la clientèle s'y joignent.

De belles situations sont surtout réservées aux I Gaku Shi. Un petit nombre des élèves de l'École japonaise trouve place dans l'armée, le reste court le risque de la clientèle. Celle-ci n'a pas toujours été fructueuse au Japon ; d'après un ancien usage, le médecin ne pouvait pas exiger d'honoraires : il attendait que le malade lui fît un cadeau. Souvent les bénéfices étaient maigres et ne dépassaient pas 30 à 35 yens par mois.

PHARMACIE

Une École de pharmacie avec des professeurs étrangers est annexée à la division médicale de l'Université de Tokio. Jadis la pharmacie n'était pas soumise, dans l'empire japonais, à une rigoureuse surveillance et son exercice ne nécessitait pas un diplôme.

La création de l'École de pharmacie a été la conséquence de la rénovation scientifique du pays. Les anciens médicaments consistaient surtout en drogues chinoises. Il existe encore beaucoup de boutiques de ces commerçants, dont on a res-

---

(1) 150 yens par mois ; un étudiant japonais peut vivre avec 6 yens par mois.

pecté les droits de possession. C'est là que se vendaient ces
précieux remèdes que les Japonais d'autrefois portaient toujours sur eux, dans une petite boîte à compartiments, entre la
pipe et les deux sabres. C'est de là que sortent ces pharmaciens
qui, reconnaissables à leurs habits sombres, leur parapluie et
leur petite valise, parcourent les rues en criant leurs marchandises, comme chez nous les marchands des quatre sai-
sons.

Mais à côté s'élèvent des pharmacies nouvelles tenues par
des pharmaciens diplômés et pourvues de tous les bons produits médicamenteux européens. Lorsque le Japon commença
à demander des drogues à l'industrie occidentale, des commerçants peu honnêtes de divers pays profitèrent de ce débouché pour y écouler toutes sortes de substances falsifiées.
Mais cette fraude ne tarda pas à être reconnue, et le gouvernement japonais fit surveiller et analyser les médicaments
d'importation dans un laboratoire spécial dont le docteur
Geerts fut l'organisateur à Yokohama.

ÉCOLES VÉTÉRINAIRES

L'enseignement de la médecine vétérinaire se fait par deux
ordres d'écoles. L'une d'elles, organisée par un Français, est
spécialement attachée à l'armée. Les autres, au nombre de
quatre, sont des dépendances des écoles d'agriculture, organisées par les Anglais.

Dans un village près de Tokio, à Komaba, existe une de ces
écoles agriculturales qui comprend une section vétérinaire.
Les élèves y étudient tout ce qui peut avoir trait à l'agriculture,
à la chimie, à la zoologie, à la botanique agricoles, etc. On y
essaie des cultures nouvelles, l'amélioration des anciennes. Des
collections curieuses sur la zoologie et la botanique du pays y
sont réunies.

La subdivision vétérinaire de l'École ne comprend que quinze élèves, mais l'espace qui est réservé pour leur instruction et leur logement en admettrait beaucoup plus. Toutefois, jusqu'ici le besoin ne s'en fait pas sentir. Le Japon n'est pas un pays d'élevage, on y mange peu de viande, et les travaux de la terre se font de main d'homme. L'espèce ovine n'y existe pas, et on ne compte, pour les espèces bovine et chevaline, qu'un petit nombre de têtes.

SUR LES POISSONS TOXIQUES DU JAPON

Extrait des *Mémoires de la Société de Biologie* 1883 (1).

Il existe au Japon un certain nombre de poissons qui peuvent donner lieu à des accidents et même déterminer la mort. Ces derniers, véritablement toxiques, sont désignés dans le pays sous le nom de *fougou*. Leur puissance toxique est bien connue du public ; elle est assez énergique pour que les Japonais fatigués de la vie l'emploient pour y mettre un terme. Kæmpfer, célèbre médecin au service des Hollandais, décrit quelques-uns de ces fougous et donne deux observations dont une se rattache à un suicide. Mais la plupart du temps ces accidents sont fortuits et sont dus à l'imprévoyance et à la gourmandise, car la chair de ces redoutables poissons est exquise.

Depuis longtemps le gouvernement japonais avait pris des mesures rigoureuses pour prévenir ces empoisonnements parmi les gens de son service. Ne pouvant atteindre l'empoisonné, il frappait ses enfants ; plus récemment, revenant sur son ancienne législation, il émit de nouveaux règlements défendant la vente de ces poissons. Sur son ordre, le docteur

(1) Une note sur le même sujet a été présentée à la même Société, le 14 avril 1883.

Geerts, de Yokohama, Hollandais aussi instruit que modeste, au service du Japon, fit une série de recherches afin de déterminer exactement le nom des espèces dangereuses. C'est la liste dressée dans ce but que je communique à la Société. Elle a été établie d'une part à l'aide des connaissances populaires et des renseignements puisés dans d'importants ouvrages de médecine chinoise et japonaise, d'autre part à l'aide d'observations faites par les Européens et l'auteur lui-même.

Il a divisé sa note en deux parties ;

1° Les poissons vraiment toxiques ou fougous;

2° Les poissons suspects.

C'est aussi la même division que j'adopterai dans mon mémoire.

CHAPITRE I

Poissons toxiques.

Note manuscrite communiquée par le docteur Geerts (*Liste de ces poissons au Japon*).

	Noms japonais.
Tetrodon pardalis ou chrysopt (Schl.),	Akamé, Nai shiro fougou.
Tetrodon rubripes,	Honfougou, Mafougou, Kamigata, ou Teppo, ou Tora fougou.
Tetrodon lineatus,	Suzumi fougou, Suji fougou.
Tetrodon vermiculatus,	Shio-sai ou Meaka, ou Nagaya fougou.
Tetrodon rivulatus,	Kita no-makoura.

« Ces cinq poissons, tous des Tetrodons, sont les plus vénéneux. Il est actuellement défendu de les vendre au marché. Les deux premières espèces arrivent seulement en grande quantité, les autres sont beaucoup plus rares. »

	Noms japonais.
Tetrodon porphyreus,	Namura fougou.
Tetrodon lunaris, Tetrodon argenteus,	Gin fougou.
Tetrodon strictonotus,	Goma fougou ou Kuro fougou.
Tetrodon firmamentum,	Kuro fougou.
Tetrodon xanthopterus,	Sudzi fougou.
Tetrodon grammato ce- phalus,	Hako fougou.

« Ces sept espèces de Tetrodons sont suspectes, mais il n'y a pas de preuves concluantes qu'elles soient décidément nuisibles à la santé. On ne les apporte pas au marché, les pêcheurs les jetant ordinairement à la mer quand ils les attrapent. Le gin fougou seul, Tetrodon argenteus, paraît être mangé dans quelques provinces du pays. »

Le Japon n'est pas le seul pays où se rencontrent des Tetrodons toxiques. Au Cap, à la Nouvelle-Calédonie, des empoisonnements par ces poissons ont été signalés. On en trouvera la relation dans le cours de ce mémoire.

§ I. — PARTIE EXPÉRIMENTALE.

Il est difficile de rassembler une collection complète de ces divers poissons, parce qu'ils ne sont pas également communs sur tous les points de la côte japonaise. La baie de Yédo n'en contient que quelques espèces ; encore est-ce seulement au large et dans quelques ports voisins de Tokio qu'on les pêche. On m'a signalé particulièrement Odawara et Chio-Shy Hama.

Désirant faire quelques expériences à ce sujet, je priai M. Tricou, ministre plénipotentiaire de France, de vouloir bien

faire la demande d'une collection de ces poissons au directeur du muséum d'Oueno, M. Tesima. Ce muséum (Haku Butsu
Kwan, Educationnal Museum) renferme tout ce qui peut servir à l'enseignement, et l'histoire naturelle y est représentée.
Il fut transporté à l'Exposition universelle de Paris en 1878 et
fit sensation à cause de la perfection des moyens d'instruction
qu'il révélait chez un peuple né d'hier à notre civilisation. Ce
musée fait le plus grand honneur à son organisateur. M. Tesima accueillit très-favorablement la demande et fit réunir les
poissons d'après la liste indiquée plus haut que je lui commu-
niquai. C'est sur les exemplaires ainsi obtenus que j'ai tenté
quelques expériences.

Les Japonais disent que l'époque où ces poissons toxiques
sont le plus dangereux est le printemps. A ce moment de l'année ils s'en abstiennent absolument. Pendant l'hiver, ils en
mangent quelques-uns en prenant des précautions, car la chair
en est, paraît-il, fort délicate. Il faut avoir soin d'enlever la
tête du poisson, de le bien vider, bien laver et bien cuire.
Mais en hiver même il est quelques espèces, par exemple le
Tora fougou, qu'ils n'osent manger malgré toutes les précautions.

Pour expliquer la cause du danger que présente ce poisson,
quelques-uns disent qu'il s'y développe des parasites dessus et
dessous la peau et dans les branchies. Mais la plupart mettent
le poison dans la ventrée et même le localisent aux organes
génitaux (1).

Bien que mon travail ne soit pas complet, que mes expériences aient été faites en hiver, à un moment où le fougou est
moins toxique, je ne crois pas inutile de faire connaître quelques résultats auxquels je suis arrivé.

(1) D'après Godet, Thèse de Paris, 1880, sur l'hygiène du Japon.

EXPÉRIENCES ANTÉRIEURES

Il n'existe que peu de données expérimentales sérieuses sur ce sujet ; je ne connais d'expériences publiées sur les poissons japonais que celles de Wernich (1), qui les rapporte en deux lignes :

1° Injecté sous la peau d'un chien le jus exprimé des reins du fougou ne donne lieu à aucun accident ;

2° L'ingestion de la peau d'un Akamé fougou a été suivie d'intoxication chez un chien.

Avec les Tetrodons des autres pays, on n'a fait également que fort peu d'expériences. Les suivantes, faites avec le Tetrodon de Nouvelle-Calédonie, appartiennent à M. de Rochas.

« Le Tetrodon causa au mois de septembre 1857, à bord du *Styx*, dont il était le chirurgien, quatre empoisonnements, dont deux suivis de mort. Il fournit, dans sa *Relation médicale de la campagne du Styx* 1858 (2), une observation détaillée de cet événement, avec le résultat des autopsies et des expériences faites postérieurement sur des animaux :

1° Un chat avale 30 grammes de frai frit mélangé à de la viande qui restait du repas des personnes empoisonnées ; huit minutes après, vomissements violents, divers accidents nerveux, rétablissement après la journée.

2° Un autre chat avale 6 grammes de frai sans mélange de viande ; dix minutes après, inquiétude, agitation, miaulements, langue rouge tirée ; l'a-

---

(1) *Geograph. médic. Studien nach den Ergebnissen einer Reise um die Erde.* 1875.

(2) *Fonssagrives, Annales d'hygiène publique,* 2e série, t. XVIII, p. 326, et *Essai de topographie hygiénique et médicale de la Nouvelle-Calédonie.* Thèse. Paris, 1860.

nimal se lèche les pattes, gratte la terre; — pendiculation, mouvements convulsifs, quelques efforts de vomissements; — accélération de la respiration, dilatation des pupilles, chute sur le côté, extension tétanique des membres postérieurs, mutisme, langue sortie; — mort une heure après le repas. L'autopsie révèle les mêmes lésions que chez l'homme. (*Voir à la fin du Mémoire, p. 17,*)

« Les reliquats de la substance qui avait empoisonné les malheureux hommes du *Styx*, conservés dans l'alcool et apportés en France, ont pu, après trois années de date, déterminer, entre les mains de M. Am. Lefèvre et à doses très-minimes, des accidents formidables d'intoxication chez un chat. »

EXPÉRIENCES PERSONNELLES

Je commençai par vider la question du parasitisme des fougous. Je cherchai sur quelques espèces. Mais ni sur la peau, ni dans le tissu cellulaire sous-cutané, ni dans les muscles, ni dans les branchies, nulle part, à l'œil nu ou au microscope, je ne découvris de parasite d'aucune nature.

Ayant une fois éliminé le soupçon de parasites produisant l'effet toxique, je me suis guidé sur la voix du peuple et j'ai procédé comme si les organes génitaux étaient réellement générateurs du poison. Mes expériences sont de deux sortes.

1° *Par ingestion.* — J'ai fait manger à des chiens les ovaires ou les testicules. Ils ont été plus ou moins malades, mais sans en mourir. Ils se débarrassaient très-rapidement par le vomissement; mais si rapide qu'ait été le séjour du toxique dans leur estomac, si faible qu'ait pu être l'absorption, cependant les animaux présentaient des symptômes qui indiquaient une force toxique considérable.

2° *Par injection sous-cutanée.* — Afin d'empêcher que le poison fût rejeté par le vomissement, je réduisis en bouillie, à coups de pilon, dans un mortier, les organes génitaux du fougou et les injectai ensuite sous la peau. Tantôt je diluai simplement la bouillie avec de l'eau, tantôt j'y ajoutai de la pepsine et laissai macérer le mélange pendant quelques heures, afin de me mettre par cette digestion artificielle dans les conditions habituelles d'empoisonnement; mais cette dernière manipulation n'est pas nécessaire.

Par ce nouveau procédé, je parvins à produire la mort d'un animal, et M. le docteur Aoyama, mon collaborateur, ayant répété mes expériences après mon départ, obtint les mêmes résultats. J'adresse ici mes remerciements à M. le professeur Baelz, qui m'a prêté son laboratoire d'anatomie pathologique à Kaga Yashiki, et à M. Aoyama, son préparateur, qui m'a aidé dans mes expériences.

EXPÉRIENCE I

Avec les testicules d'un Tetrodon chrysops ou Pardatis Akamé fougou.

Empoisonnement léger. — *Guérison.* — Le 10 décembre 1882, à onze heures vingt-cinq du matin, j'ai fait manger à un chien jaune japonais de petite taille les testicules d'un Akamé fougou; le poisson mesure environ 15 centimètres de long et ses testicules atrophiés forment deux masses ovales de 1 centimètre sur 4. Six minutes après l'ingestion, à onze heures trente-une minutes, l'animal est pris de tremblements et manifeste de l'inquiétude et du malaise. Vingt minutes après, à onze heures quarante-cinq minutes, vomissements contenant les aliments pris antérieurement et les testicules en question. Jusqu'à douze heures dix minutes, l'animal conserve son état d'inquiétude et une salivation abondante; il vomit plusieurs fois, puis il se rétablit rapidement. A douze heures quarante minutes, il est à l'état normal. Le lendemain, je lui fis manger le reste du poisson dont j'avais employé les testicules, et il n'eut aucun accident, ce qui prouve que ni la chair musculaire ni les viscères ne sont toxiques.

Avec les ovaires du Tetrodon rubripes Ma fougou ou Tora fougou.

Empoisonnement fort. — *Guérison.* — Ce Tetrodron est un gros poisson long de 30 centimètres, épais de 10. Le chien en expérience est un métis de race européenne et japonaise, de moyenne taille, comme un loulou. A onze heures trois minutes, le 10 décembre 1882, je lui donne à manger les ovaires d'un Ma fougou, sorte de sacs membraneux remplis d'œufs à leur intérieur, du volume d'un œuf de pigeon chaque. A onze heures vingt-deux minutes, après avoir donné quelques signes de malaise, le chien vomit les ovaires et des aliments, puis il est [pris de tremblements, et, à des intervalles de huit à dix minutes, il présente de nouveaux vomissements, accompagnés de violentes contractions des parois abdominales. Il se produit une salivation abondante, les matières vomies ne sont plus que des mucosités écumeuses. Vers trois heures de l'après-midi, l'animal était revenu à l'état normal.

Le lendemain je lui fis manger le reste du Ma fougou sans déterminer aucun accident. De même que dans le cas précédent, les organes génitaux seuls contenaient le toxique.

Avec le Tetrodon strictonotus ou Goma fougou.

Empoisonnement grave. — *Guérison.* — Le poisson mesure 20 centimètres environ; les ovaires écrasés fournissent 2 centimètres cubes environ d'une bouillie que j'étends d'eau et à laquelle j'ajoute de la pepsine; pendant la nuit, je laisse ainsi s'opérer une sorte de digestion.

Le 15 décembre 1882, à dix heures vingt du matin, j'injecte ce liquide sous la peau d'un chien de moyenne taille, en deux

endroits. Un quart d'heure après l'animal mange du riz qu'il
vomit aussitôt. Dès lors il vomit trois fois de suite avec de
violents efforts à intervalles de trois à quatre minutes. Les
vomissements ne contiennent que des mucosités écumeuses.
L'animal est pris de tremblements, de faiblesse des membres
et de salivation. A dix heures quarante-cinq minutes, l'animal boit, mais le liquide provoque des vomissements aussitôt
son arrivée dans l'estomac. De dix minutes en dix minutes se
reproduit la même scène et à chaque vomissement se manifes-
tent d'épouvantables contractions abdominales.

A onze heures se montrent des tremblements plus forts avec
secousses convulsives. A onze heures trente minutes, nouvelle
série de vomissements. Enfin, dans l'après-midi, l'animal re-
vint à la santé.

EXPÉRIENCE IV

Avec les testicules du Tetrodon vermiculatus (Shio fougou),

Empoisonnement très léger. — Je fais subir aux testicules
de ce poisson la préparation indiquée dans l'expérience précé-
dente, mais le poisson est petit (12 centimètres) et les testicules sont peu développés. Je fais l'injection sous la peau d'un
petit chien. Au bout de dix minutes, il présente de l'inquiétude
et des tremblements et se rétablit sans aucun trouble.

EXPÉRIENCE V

Avec un Tetrodon chrysops ou akamé fougou.

Le 20 décembre je fis manger à un de mes chiens un Akamé
fougou tout entier, dont les testicules étaient tout à fait atrophiés. Il n'y eut aucun phénomène d'empoisonnement.

EXPÉRIENCE VI

Avec le Tetrodon strictonotus ou Goma fougou.

Empoisonnement mortel. — J'ouvris deux femelles et je leur enlevai les ovaires qui étaient un peu développés. Chaque ovaire, en forme de poire aplatie, mesurait 7 centimètres de haut sur 4 de large et 1 d'épaisseur. Je choisis un petit chien de 10 kilos environ. Je lui fis manger les ovaires d'un premier poisson; puis, ayant râclé l'intérieur des ovaires du second pour en obtenir les œufs, qui sont situés dans une sorte de sac comme les graines dans une figue, je fis avec ces œufs une sorte de bouillie que j'injectai sous la peau du même chien.

Il mourut en une heure, après avoir présenté les symptômes suivants : tremblements de tout le corps, vomissements fréquents avec violentes contractions abdominales, dilatation des pupilles, salivation, anxiété respiratoire, paralysie des muscles postérieurs, cyanose et mort.

Un autre chien, auquel j'avais fait manger le foie, la viande et les intestins du même fougou, n'a présenté aucun accident.

Ouverture du chien empoisonné. — Estomac très-revenu sur lui-même, très-plissé à l'intérieur. Légères ecchymoses, extravasations sanguines très-petites dans l'épaisseur de la muqueuse formant un piqueté qui rappelle la disposition des glandes.

Le duodenum présente les mêmes altérations au niveau des glandes de Brunner. La bile est répandue dans tout l'intestin. Le reste de l'intestin grêle est très-réduit de volume, mais des matières existent encore dans le gros intestin.

Le pancréas est très injecté et comme ecchymosé. Il en est de même des glandes salivaires.

Il semble que le trouble ait porté principalement sur les glandes de la partie supérieure du tube digestif et ait consisté en une hyperhémie extraordinaire.

La rate, le rein et le foie sont violacés et volumineux, les poumons, emphysémateux ; le sang était resté fluide.

L'examen des centres nerveux ne nous a rien appris.

EXPÉRIENCES VII ET VIII

Avec des Tetrodons indéterminés, faites par M. le docteur Aoyama, assistant du laboratoire.

Quelque temps après mon départ, il a injecté sur deux chiens différents la bouillie formée par les organes générateurs pilés de deux fougous. La mort est survenue au bout de quelques minutes, subitement, sans vomissement ; les animaux ont présenté un abaissement de plusieurs degrés de température rectale.

SIÈGE DU POISON

Les organes génitaux des fougous renferment exclusivement le toxique, d'après mes expériences. Les ovaires ont été plus toxiques que les testicules. Je suis persuadé que si je n'ai pas amené la mort toutes les fois que les symptômes d'empoisonnement se sont produits, cela est dû à la saison d'hiver et à l'état d'atrophie des organes génitaux à cette époque.

La gravité des empoisonnements que j'ai provoqués était proportionnelle au volume des organes génitaux. Si les fougous sont réputés si dangereux au printemps, c'est certainement à cause de la période du frai.

Les autres parties du poisson ne contiennent pas de principe toxique. J'ai pu donner les entrailles, le foie, les muscles à mes animaux, sans leur donner le moindre malaise. Comme je faisais quelquefois jeter au dehors les poissons qui m'avaient servi, il est arrivé qu'un traîneur de voiture ait mangé la chair d'un des poissons qui avaient fortement intoxiqué les animaux en expérience, et il n'en est résulté, m'a-t-on dit, aucun accident.

Le reste des lésions doit être attribué à l'asphyxie.

Je puis donc conclure :

Dans les fougous toxiques, le poison réside exclusivement dans les organes génitaux, principalement les ovaires, et la puissance toxique du poisson est proportionnelle au développement de ses organes génitaux (1).

Mes expériences ne me permettent pas d'essayer une nouvelle classification des fougous d'après leur puissance toxique. Je me range à celle qui a été donnée par le docteur Geerts.

§ II. — PARTIE CLINIQUE.

Empoisonnement chez l'homme par les Tetrodons.

Avant d'aborder les symptômes de l'empoisonnement en général et de rechercher la nature du poison, il est utile de prendre connaissance des cas d'intoxication observés chez l'homme. J'ai réuni dans ce chapitre diverses observations non-seulement sur les poissons du Japon, mais aussi sur ceux qui se rencontrent en divers pays. Bien que ces empoisonnements soient fréquents, il n'en existe qu'un très-petit nombre de cas relatés dans les divers recueils que j'ai consultés.

_____

(1) Le poison n'a pas été isolé par les recherches chimiques. Il semble que l'alcool ne le fasse pas disparaître, car M. de Rochas a fait des expériences avec des substances toxiques conservées dans ce liquide. Ce poison n'est pas le résultat d'une décomposition putride, de la formation de ptomaïnes. J'ai pris soin d'expérimenter avec des animaux frais et leur conservation était facile à cause des froids de l'hiver. Lorsqu'on pêche ces poissons à la mer, et qu'on les rejette à l'eau, les oiseaux refusent d'en manger.

Extrait de Kæmpfer, *Voyage au Japon*;
traduction française en 3 volumes, 1658, chapitre XI.

OBSERVATION 1.

« Le *Furube*, autre poisson, n'est pas fort gros. Les Hollandais
lui donnent le nom de *Blaser*, c'est-à-dire souffleur, parce qu'il
peut s'enfler jusqu'à prendre la forme d'une boule ronde. On
le met au rang des poissons vénéneux et on dit que si quelqu'un le mangeait tout entier, il en mourrait infailliblement.

» On en trouve de trois différentes espèces dans le Japon, et
elles sont toutes très-abondantes. Ceux de la première espèce,
appelés *Suzume Baku* (1) sont petits et on n'en mange que rarement. La seconde espèce s'appelle *Ma baku*, c'est-à-dire le
véritable baku. Les Japonais le regardent comme un poisson
très-délicat et ils le recherchent avec empressement ; mais il
faut en jeter la tête, les intestins, les os et toutes les tripailles,
et laver et nettoyer avec beaucoup de soin la chair avant de
la manger ; et cependant plusieurs personnes en meurent, pour
ne l'avoir pas, à ce qu'ils disent, assez nettoyé.

» Ceux qui sont las de vivre parce qu'ils ont une maladie lan-
guissante ou qu'ils se trouvent dans une situation malheureuse,
choisissent souvent ce poisson vénéneux plutôt qu'un couteau
ou une corde pour mettre fin à leur misère. Un voisin de mon
valet, à Nagasaki, se trouvant tellement infecté de la vérole
que son nez allait tomber, résolut de manger de ce poisson
pour se défaire en même temps et de lui-même et de sa mala-

(1) Le mot baku, de Kæmpfer, a certainement le même sens que celui de
fougou. Les caractères japonais représentent toujours une voyelle précédée
de une ou deux consonnes. Leur traduction en caractères romains nécessite
donc deux ou trois lettres, et celles-ci varient nécessairement avec la prononciation attribuée dans chaque pays aux mêmes lettres. Le mot en question s'écrit en japonais par deux caractères ; le deuxième peut être nettement rendu par *gou* ou *ku*, en admettant pour l'*u* la valeur allemande. Le
premier caractère a une prononciation intermédiaire entre *fou* et *hou* ; il
n'est pas étonnant que les lettres qui le représentent aient varié.

die. Il acheta une grande quantité de ce poisson, le coupa en pièces, le fit bouillir, et dans le but de rendre le poison encore plus fort il y mêla de la suie qu'il prit au toit de sa maison. Après avoir dîné, il se coucha pour mourir, et bientôt se trouvant fort mal, il rendit non-seulement le poison qu'il avait pris, mais aussi une grande quantité de matière visqueuse et âcre, qui vraisemblablement n'était pas une des moindres causes de sa maladie, et par là il trouva la vie et la santé dans ce qu'il avait choisi pour lui donner la mort ; car il guérit et jouit ensuite d'une fort bonne santé.

» Il y a quelques années que cinq personnes de Nagasaki, ayant mangé un plat de de poisson, s'évanouirent peu de temps après, tombèrent ensuite dans les convulsions et le délire et eurent un crachement de sang si violent qu'elles en moururent en peu de jours.

» Avec tout cela, les Japonais ne veulent pas se sevrer d'un mets qui est si délicat à leur goût, quoiqu'ils aient tant d'exemples du danger qu'il y a à en manger. Il n'y a que les soldats et les gens de guerre à qui l'empereur ait expressément défendu d'acheter et de manger de ce poisson. Si quelqu'un d'eux en meurt, son fils perd le droit qu'il aurait eu de succéder à son père. Il se vend beaucoup plus cher que le poisson ordinaire et on ne le mange que lorsqu'il est frais.

» La troisième espèce est appelée *Kita makura*, ce qui signifie coussin septentrional. Je n'ai pas pu savoir pourquoi on lui donne ce nom ; on se sert du même nom pour désigner une personne dont la tête est tournée vers le Nord. Le poison de ceux de cette espèce est absolument mortel. On a beau les laver et les nettoyer, tout cela n'y fait rien. Aussi n'est-il recherché que de ceux qui ont dessein de se faire mourir. »

Tetrodon de la Nouvelle-Calédonie. — Empoisonnement léger par le foie, mortel par les entrailles. — *Voyage du Capitaine Cook*, IIIe vol., p. 274, édition 1778. Année 1774. Septembre.

OBSERVATION II

« Mon secrétaire acheta un poisson qu'un Indien avait harponné dans les environs de l'aiguade et il me l'envoya à bord. Ce poisson, d'une espèce absolument nouvelle, avait quelque ressemblance avec ceux qu'on nomme *soleils*; il était du genre que M. Linné nomme *Tetrodon*. Sa tête hideuse était grande et longue. Ne soupçonnant point qu'il eût rien de venimeux, j'ordonnai qu'on le préparât pour le servir le soir même à table. Mais heureusement le temps de le dessiner et de le décrire ne permit pas de le cuire et l'on n'en servit que le foie; les deux MM. Forster et moi en ayant mangé, vers les trois heures du matin nous sentîmes une extrême faiblesse et défaillance dans tous les membres. J'avais presque perdu le sentiment du toucher et je ne distinguais plus les corps pesants des corps légers quand je voulais les mouvoir. Un pot plein d'eau et une plume étaient pour moi du même poids. On nous fit d'abord prendre de l'émétique et ensuite on nous procura une sueur dont nous nous sentîmes extrêmement soulagés. Le matin, un des cochons, qui avait mangé les entrailles du poisson, fut trouvé mort. Forster fut trois ou quatre jours avant d'être rétabli, ayant toujours des phénomènes nerveux. »

Prœger, dans Fonssagrives, Note sur le Tetrodon toxicophore du Cap de Bonne-Espérance. (*Bull. de l'Académie de médecine*, 1857-58, page 1059.)

OBSERVATION III

Prœger a communiqué à M. Fonssagrives quatre ou cinq observations d'empoisonnement par une espèce de Tetrodon (genre maculatum) nommé vulgairement Toodfish, commun au

Cap, à peau du dos noire maculée de brun et de violet, à ventre blanchâtre gros et flasque. Un exemplaire de ce poisson a été envoyé à l'École de médecine.

» A ces cas, M. Fonssagrives ajoute un nouvel empoisonnement à bord d'un vaisseau français par le même poisson. Je n'ai pas trouvé d'observation détaillée. »

Tetrodon de la Nouvelle-Calédonie. Empoisonnements mortels.
Par M. de Rochas, analyse de Fonssagrives, *loco citato*.

OBSERVATION IV

« Il s'agissait d'un matelot de vingt-six ans, peu robuste, mais d'une assez bonne santé. Les symptômes observés furent les suivants : léger picotement et sensation d'astriction à la muqueuse bucco-pharyngienne, qui est d'un rouge vif ; étourdissements ; fourmillement aux extrémités ; troubles de la vue ; titubation ; pouls lent ; vomissement. L'administration de l'émétique les rend plus abondants sans enrayer les accidents ; épigastralgie ; mouvements spasmodiques des membres ; sensation de froid aux pieds ; la station et la locomotion sont impossibles. Douleurs erratiques, crampes, convulsions, excitabilité exagérée, alternatives de crises et de périodes de calme. Les crises sont constituées par des convulsions, de la dyspnée et de la dysphagie. Dans leur intervalle, protestation profonde, pouls variable, mais toujours faible. Abaissement de la température, pâleur, dilatation de la pupille.

» Les accidents prenant plus de gravité, on constate un engourdissement général ; le malade ne sent plus ses membres ; embarras de la parole ; cessation des vomissements, qui ont été successivement alimentaires, glaireux, bilieux. Cyanose des lèvres et des gencives, dyspnée et anxiété extrême, tuméfaction du cou, congestion veineuse de la face, mutisme. L'intelligence, jusqu'alors intacte, s'éteint ; respiration diaphragmatique, résolution, coma., Mort onze heures après l'ingestion du poisson.

» Pendant toute la durée des accidents, les urines et les selles ont été supprimées, particularité qu'ont également offerte les trois autres malades. »

OBSERVATION V

Suite de de Rochas.

« Le second sujet était un domestique de 24 ans, robuste. Il offrait les mêmes symptômes atténués. Chez lui l'intoxication s'arrêta à la période d'engourdissement. La suppression des évacuations persista quatre jours, la photophobie et les troubles visuels pendant trois. Le rétablissement ne fut complet qu'au bout de neuf jours. »

OBSERVATION VI

Suite de de Rochas.

« Chez le troisième malade, jeune Taïtien âgé de douze ans on observa les mêmes symptômes, mais moins intenses, qui eurent la même durée. »

OBSERVATION VII

Suite de de Rochas.

« Enfin le quatrième, le cuisinier, âgé de quarante-trois ans, d'une constitution usée, expira sans réaction, comme sidéré, au bout de trois heures.

» *Les victimes de ces empoisonnements avaient mangé du* frai. »

Examen nécroscopique. — Les lésions furent les mêmes dans les trois cas, on peut les résumer ainsi. Aspect extérieur : cyanose et tuméfaction du cou.

« Cavité crânienne : injection des méninges cérébrales et

du cerveau, sérosité sanguinolente dans les ventricules, ramollissement de la substance cérébrale.

» Thorax : engouement pulmonaire, réplétion sanguine du cœur et des poumons.

» Abdomen : foie engorgé, estomac contenant un verre de liqueur jaune verdâtre et filante; muqueuse fortement enflammée, tapissée d'une couche gluante de même couleur avulsible par le lavage. Même bouillie grisâtre et gluante dans l'intestin. Muqueuse intestinale transformée en une sorte de putrilage noirâtre. Les altérations sont surtout prononcées aux environs du pylore et vont en diminuant à partir de ce point. »

Traduction des observations du docteur A. Goertz Ueber in Japan vorkommende Fisch Vergiftung, sur les intoxications par les poissons observées au Japon.

OBSERVATION VIII

Empoisonnement par les œufs d'un poisson inconnu. — Nausées. — Arrêt de la respiration et du cœur (1). — « Le 21 mai, à une heure de l'après-midi, se présenta chez moi, M. V. E., résident de ce pays, dans l'état suivant :

» Visage pâle, face, front et mains couverts d'une sueur froide et visqueuse, pouls à peine sensible aux radiales, pupilles un peu rétrécies. Le malade se plaignait d'un violent mal de tête, principalement à la partie postérieure, et de nausées.

» Ma première question fut sur le genre de nourriture que le malade avait prise. Je sus ainsi qu'il avait mangé comme premier plat un poisson braisé très-savoureux qu'il ne connaissait pas, puis un beefsteack. Mais, à peine avait-il mangé la moitié du beefsteack placé devant lui, c'est-à-dire environ un quart d'heure après l'ingestion du poisson, qu'il sentit un

(1) J'ai pris la liberté de mettre des titres explicatifs à chaque observation.

sentiment de malaise dans la région stomacale et une brûlure dans l'œsophage.

» Ces phénomènes le firent cesser de manger et il but du sodawater. Pendant la demi-heure suivante, tous les symptômes s'accentuèrent et s'accompagnèrent du mal de tête et de la nausée déjà indiqués; mais les deux derniers augmentèrent tellement que le patient se détermina à me chercher. Pendant qu'il me racontait ceci en peu de mots et avec beaucoup de peine, son état s'empirait à vue d'œil. La couleur du visage devint plus livide, les lèvres tout à fait blanches et la respiration courte. Tout à coup le malade tomba en syncope sur le sol. Pouls nul aux radiales, à peine sensible aux carotides, force cardiaque à son minimum, respiration tout à fait superficielle

» Par bonheur un confrère était en visite chez moi et nos efforts combinés réussirent, par la respiration artificielle immédiatement appliquée et la faradisation du phrénique, à ranimer la respiration et l'action cardiaque. Après cinq minutes environ, la respiration reprenait sa fréquence normale, les bruits du cœur étaient manifestement perceptibles et les pulsations cardiaques sensibles. L'aspect livide commença petit à petit à disparaître, et une sueur chaude survint. A l'aide de l'application d'éponges imbibées d'eau chaude sur la région cardiaque et de faradisations successives d'une durée de trois minutes, nous réussîmes, dans l'espace d'une demi-heure, à mettre le patient assez bien pour qu'il pût être transporté dans sa demeure, située dans le voisinage. Une fois là, j'ordonnai un émétique à action rapide.

» Après son effet, le patient ne se plaignit plus que de fort mal de tête et de faiblesse. Ord = application de glace sur la tête et émulsion huileuse avec opium, une cuillerée à bouche toutes les deux heures. Au soir, la température du corps, la respiration et le cœur étaient normaux. Le matin suivant, le malade se trouva tout à fait bien, après un sommeil profond de huit heures.

» Les renseignements que je pris naturellement m'apprirent que les autres habitants de la maison de M. V. E. (une servante japonaise, le cuisinier et le domestique) avaient mangé en même temps du poisson et s'étaient néanmoins bien trouvés. Malgré tous mes efforts, je ne pus obtenir du cuisinier le nom du poisson avec lequel il avait régalé son maître.

» M. V. E. me communiqua d'autre part, sans y attacher d'importance, qu'il avait mangé de préférence les œufs du poisson, qu'il préfère, dans tous les poissons, à la chair. »

OBSERVATION IX

Empoisonnement par les œufs d'un poisson inconnu. — Arrêt de la respiration et du cœur. — Mort. — « Dans la soirée du 25 mai, à huit heures, je fus appelé en toute hâte chez M. S., pharmacien. Il me communiqua qu'un de ses travailleurs, un homme fort et bien portant, était devenu malade une demi-heure après son repas, qui avait consisté en riz et poisson. Les premiers phénomènes avaient été de fortes douleurs abdominales et des maux de cœur. M. S. avait de suite donné au malade un émétique qui avait eu l'effet désiré. Cependant dix minutes après le malade avait commencé à se plaindre de fortes douleurs de tête et avait été bientôt après renversé comme frappé de la foudre.

» Je trouvai l'état suivant : le malade était gisant au milieu du plancher de la chambre des domestiques avec un visage pâle comme la mort et l'aspect hippocratique très-prononcé. La pupille ne réagissait plus à la lumière, le pouls absent aux radiales, à peine sensible aux carotides, les bruits du cœur perceptibles à grands intervalles à l'aide du stéthoscope et seulement avec beaucoup de peine. Extrémités, cavité buccale et langue froides. Surface du corps fraîche ; température, 33°5. Bruit respiratoire et mouvements du diaphragme nuls à constater.

» Le traitement fut le suivant : respiration artificielle, faradisation du phrénique, bouteilles chaudes et moutarde aux
extrémités, application d'éponges chaudes à la région cardiaque, à l'extérieur eau-de-vie et teinture de musc. Il aboutit
simplement, pendant les deux heures et demie que je dépensai
près de ce malade, à ce que les fonctions circulatoires se mon-
trèrent par périodes plus manifestes, pour retomber ensuite à
un minimum. La mort arriva sans aucune réaction....

» Cette fois encore, en outre du mort, sept personnes (Japonais) avaient mangé du même poisson et étaient toutes parfai-
tement indemnes. Après une enquête sérieuse faite par M. S.
parmi ses gens, il fut démontré que le décédé avait, de même
que dans la première observation, en préparant lui-même sa
portion de poisson, ouvert et nettoyé, il est vrai, la cavité ab-
dominale, mais avait cuit et mangé comme délicatesse les œufs.
avec le reste de la viande. »

OBSERVATION X

*Empoisonnement par un poisson, ralentissement du poumon et du
cœur.*—Le 27 mai, à une heure et demie de l'après-midi. Garçon
d'écurie au service de M. F. Symptômes comme dans l'observation IX, seulement le pouls radial était perceptible ; bruits
respiratoires, bien que superficiels, cependant appréciables.
L'auteur, frappé de l'analogie que présentait ce cas avec un
empoisonnement par le chloral, injecta de la strychnine et
son malade guérit. »

§ 3. — RÉFLEXIONS SUR LES PRÉCÉDENTS PARAGRAPHES.

Les diverses données scientifiques, tant expérimentales que
cliniques, que j'ai réunies ici sont encore insuffisantes. Mes

expériences sont incomplètes, je n'ai pas pris de tracés cardiaques, qui auraient été si intéressants, et j'ai négligé d'expérimenter comparativement le poison sur des animaux à sang
froid. Les observations de Kœmpfer sont très-sommaires, celles
de Forster indiquent une action du toxique sur le système nerveux, mais l'empoisonnement a été léger; à celles de Goertz il
manque le nom exact du poisson. Cet auteur pense qu'il s'agit
du fougou, mais sans avoir de certitude. Heureusement, les
observations de M. de Rochas sont très-complètes et suivies
d'autopsie.

On peut tirer de la lecture de ces diverses observations pour
le siège du toxique dans le poisson la même conclusion que
j'ai tirée de mes expériences. Le poison réside dans les organes
génitaux.

Si maintenant nous cherchons à établir la symptomatologie
de l'empoisonnement que provoquent ces organes génitaux,
nous devons distinguer trois cas dont la gravité est proportionnelle à la quantité de poison absorbé : 1° cas légers ; 2° cas
rapides ; 3° cas foudroyants.

Empoisonnement léger. — Chez l'homme il se traduit par des
symptômes nerveux, faiblesse musculaire, sentiment de défaillance, troubles de la sensibilité spéciale et générale, engourdissement, troubles de la vue, du toucher, du sens musculaire. Ces troubles peuvent persister pendant plusieurs jours.
Le chien ne manifeste l'empoisonnement léger que par du
tremblement, de l'inquiétude, des vomissements. La durée
de ces symptômes peut être de plusieurs jours et même d'une
semaine.

Empoisonnement rapide. — Les troubles nerveux de la sensibilité et de la motilité deviennent plus marqués. Il s'y joint
des phénomènes du côté de la partie supérieure du tube digestif. La mort survient par les progrès de la paralysie, qui atteint
le cœur et les organes respiratoires.

Chez l'homme, les phénomènes du côté du système nerveux

sensitif sont, comme précédemment : étourdissements, céphalalgie, diminution de la sensibilité, sensation de froid, fourmillements, troubles de la vue. Il paraît y avoir une période d'hyperexcitabilité, mais de courte durée. Simultanément, il y a des troubles de la motilité : faiblesse musculaire, titubation, impossibilité de se mouvoir, défaillance, résolution complète avec évanouissement, quelquefois des mouvements spasmodiques. Chez l'animal, les troubles moteurs débutent par des tremblements, puis se produisent des contractions effrayantes, accompagnant les vomissements ; enfin l'animal tombe couché et le train de derrière se paralyse.

Peu de temps après le début des accidents nerveux surviennent des nausées, de l'épigastralgie, puis des vomissements plus ou moins abondants, alimentaires, glaireux, bilieux ; la gorge est le siége d'une sensation locale d'astriction. Le chien vomit abondamment, avec les efforts abdominaux que j'ai signalés. Il a une soif vive et chaque ingestion d'eau est suivie de vomissements. Il présente une salivation très-abondante. Il n'y a jamais de selles ; au contraire, dans le cas de guérison, il a persisté une constipation de plus d'une semaine.

Très-rapidement aussi apparaît un affaiblissement des contractions du cœur ; le pouls devient faible, insensible aux radiales, la peau et les muqueuses se décolorent, la température s'abaisse, la pupille se dilate, puis la force cardiaque diminue encore, le pouls n'est plus sensible aux carotides. Alors tous les autres phénomènes, les vomissements, les mouvements spasmodiques cessent, la perte de connaissance survient. La paralysie du cœur est désormais le fait dominant. La respiration se modifie à son tour, le diaphragme se contracte mal. Le malade se cyanose et la mort arrive *en quelques heures*, quelquefois en moins d'une heure.

Empoisonnement foudroyant. — Chez l'homme ou chez l'animal, les symptômes sont les mêmes. Quelque temps après l'ingestion des substances toxiques, de dix à vingt-cinq minutes après, l'empoisonné tombe foudroyé. Il vit cependant encore *quelques instants*, mais sans reprendre connaissance ; le cœur a perdu sa force de contraction et l'asphyxie est rapide. Les vomissements ne se sont pas produits.

De ce groupement des symptômes, on peut tirer la conclusion suivante : **Le poison des organes génitaux des Tetrodons est un poison paralysant des centres nerveux qui agit plus ou moins fortement sur la sensibilité générale et spéciale et sur la motilité, et détermine la mort par paralysie du cœur et asphyxie.**

Il peut y avoir une très-courte période d'exagération de l'excitabilité. La salivation, les vomissements, sont le résultat d'une action du poison sur les centres nerveux et non d'une action locale sur les muqueuses des parties supérieures de l'appareil digestif, car ils se produisent aussi bien après l'ingestion sous-cutanée qu'après l'ingestion par la voie buccale. Ils ne constituent pas un phénomène nécessaire de l'empoisonnement,

L'action favorable de la strychnine dans le traitement est un argument pour la réalité de l'interprétation que je donne.

Le docteur Corre, médecin de marine, qui a écrit à plusieurs reprises de bons articles sur les poissons toxiques, a comparé l'effet de l'ingestion du Tetrodon à celui de la piqûre des serpents et admis à tort, je le crois, leur analogie (1). Il eût été plus intéressant de comparer les effets du Tetrodon avec ceux des autres poissons toxiques. Malheureusement, les expériences indiquant le siège du poison manquent la plupart du temps.

(1) CORRE (1865). Note pour servir à l'histoire des poissons vénéneux (*Archiv. de méd. navale,* tome III, page 136.)
   —   (1872). Analogie des symptômes et des lésions chez les individus mordus par les serpents venimeux et chez les individus empoisonnés par certains poissons. (*Archives de physiol.*).
   —   (1881). Nouvelle Note relative aux poissons vénéneux. (*Archiv. de méd. navale,* tome XXXV.)

On sait seulement, pour quelques espèces, que l'époque du frai
est le moment dangereux, et des auteurs comme Fonssagrives
ont indiqué le frai comme le siège du principe toxique. Mais
dans beaucoup d'autres cas il y a incertitude, et on ne trouve
pour renseignements que des conjectures. On courrait donc
le risque de comparer des intoxications ayant des causes très-
diverses, piqûres d'organes venimeux ou non, putréfaction
de la viande, présence d'animaux toxiques (monades, acti-
nies, etc., d'après Vinson, Cook) dans le tube digestif du poisson.

Prophylaxie. — La puissance toxique des Tetrodons résidant
surtout dans leurs organes génitaux, on s'explique que ces
poissons deviennent si dangereux et doivent être rejetés au
printemps, à l'époque du frai. Même en hiver, la puissance
toxique de leurs organes atrophiés est encore assez forte pour
amener la mort de gros animaux. Cependant en hiver il serait
possible de manger la chair de ces poissons, en ayant la précaution spéciale d'enlever les organes génitaux. La cuisson ne
suffit pas pour détruire le poison, comme le montrent les
observations d'empoisonnements citées plus haut.

Les règlements de police du Japon interdisent sagement la
vente de ces poissons sur les marchés ; bien que la viande de
poisson cru, cuit ou salé soit presque la seule dont les Japonais de toutes classes se nourrissent, c'est une diminution peu
sensible des ressources alimentaires du public, car les côtes du
pays sont riches en espèces de toute sorte.

BIBLIOGRAPHIE DES POISSONS TOXIQUES

DU GENRE TETRODON

KÆMPFER..... Histoire du Japon, tome I, chap. XI, édition
française, 1658.

A. GOERTZ.... Ueber Fisch-Vergiftung. Mittheilungen der
Deutschen Gesellschaft für Natur und Vœlker
Kunde Ostasiens, Heft 8, page 23, 1873.

VAUVRAY..... D'après Godet, Hygiène du Japon. Thèse de Paris, 1880.

COOK. .... Voyage du capitaine, troisième volume, p. 274, édition de 1778.

FORSTER...... Dissertation annexée au Voyage de Cook.

DE ROCHAS... Rapport sur la campagne du *Styx*, 1857. — Essai de topographie hygiénique et médicale de la Nouvelle-Calédonie, thèse de Paris, 1860.

COMBES ...... Rapport sur la campagne de l'*Audacieuse* en Chine, 1857.

HAECKEL. .... pharmacien, aurait empoisonné un chat avec le Tetrodon-sceleratus. — Voyez Corre.

FONSSAGRIVES. a fait une aquarelle de Tetrodon dans Recueil anatomo-pathologique des faits observés à l'hôpital de Brest, tome IV.

TRAVAUX GÉNÉRAUX

FONSSAGRIVES. Traité d'hygiène, page 692, 1856. Sur les poissons toxicophores exotiques des pays chauds. — Annuaire d'hygiène publique et privée, 1861, série v, tome XVIII.

BERCHON..... Dans Zoologie médicale de Gervais et Van Beneden.

CHAPITRE II

Poissons suspects

Liste de ces poissons au Japon, d'après une note communiquée par le Dr Geerts.

Les poissons énumérés ci-dessous causent quelquefois de légères indispositions, mais ne paraissent pas être assez toxiques pour déterminer la mort.

Noms japonais.

Silurus japonicus,   Namadzu.

On craint des accidents à la suite de l'ingestion de ce poisson,

Bagrus aurantiacus,   Ki-gi giyo.
Plotosus lineatus,   Gi-giyo ou Gon-zui.

Il existerait une épine toxique sur le dos.

Thynnus sibi,   Maguro.

Il est mangé en tranches, à l'état cru, sous le nom de *Sashimi*, assaisonné avec une sauce très-relevée; c'est un régal pour les Japonais, mais il produit très-fréquemment des congestions cérébrales désagréables (1).

Dans l'état trop vieux ou demi-putride, il a causé des diarrhées très-fortes et l'entérite. Ce poisson est défendu au marché en temps de choléra.

Thynnus thunnina,   Yokowa katsuwo.
Thynnus pelamys,   Katsuwo.
Thynnus macropterus,   Kywada maguro ou Hyrenaia.
Pelamys orientalis,   Ha-Katsuwo.

A l'état frais, tous ces poissons peuvent déterminer les mêmes accidents que le *Maguro*, mais la plupart du temps on les mange desséchés au soleil; c'est un article important de commerce.

Scomber scombrus,
   —   pneumatophorus } Saba.

Cause rarement des indispositions, mais se putréfie rapidement.

_____

(1) J'ai eu l'occasion d'observer une de ces intoxications. Le malade avait des vertiges, une congestion vive de la face et des conjonctives. Ces phénomènes ont cessé au bout de quelques heures, après ingestion de glace.

Cybium chinense,   Sawara.

Comme le Saba

Sciæna japonica,   Ishi-nagé.

Considéré comme mauvais par les Japonais.

Chrysophrys longispinus,   Kuro Taï.

Les Japonais disent que ce poisson est mauvais, surtout pour les femmes enceintes, qui ne doivent pas en manger.

Geerts doute que ce poisson soit réellement toxique.

Orthagoriscus mola,   Manbo.

Est considéré comme nuisible; on ne le mange pas.

Diodon novemmaculatus,   Hari Sembon.

Celui-là semble réellement un peu dangereux.

Aluteres monoceras,
Ostracion turritus,
Ostracion brevicorius,

Ne sont pas mangés.

Aluteres cinerea,   Mazura.

On dit toxique la peau de ce poisson; il se mange dépouillé.

Cyprinus auratus,   Kin giyo.
Cyprinus chinensis,   —

Sont considérés à tort comme vénéneux.

La note que je reproduis constitue tout ce deuxième chapitre, car je n'ai, au sujet de cette deuxième catégorie de poissons, ni observations ni expériences.

J'y joins une liste des principaux recueils où l'on pourra trouver des listes de poissons toxiques ou suspects de divers pays, ainsi que des observations d'empoisonnements.

Le genre Tetrodon n'est pas le seul qui possède des propriétés véritablement toxiques. La bécune, la sardine des tropiques, le barbeau et d'autres possèdent des propriétés analogues.

BIBLIOGRAPHIE POUR DIVERS POISSONS

TOXICOPHORES

LACÉPÈDE. . .   Histoire naturelle des poissons (Doras côte).

BEAUMANOIR.   A bord du *Marceau* (Bécune).

COLLAS . . . . .   Moniteur des établissements français dans l'Inde. Gobius Criniger, qui se vend dans les bazars de Pondichéry.

NADEAUD. . . .   Plantes usuelles des Taïtiens, thèse de Montpellier, 1864 (sur le mohu ou nuhu).

LACROIX . . . .   Campagne du *Catinat*, thèse de Paris, 1857 (Merlette), ou Revue coloniale de 1856, tome XV, sous le titre : Poissons vénéneux à Balade.

MUENCHMEYER   Berliner Klinische Wochenschrift, Vergiftung durch Rogen von Cyprinus Barbus, 1875, n. 4.

ESPÈCES INDÉTERMINÉES

GAUTHIER-LA-
BOULLAYE .   Empoisonnement par un poisson toxicophore en rade de Rio-Janeiro, Arc. méd. navales, 1864.

LALLUYAUX . .   Poisson vénéneux de Saintes (Antilles), Académie de médecine, 24 août 1858. On ne trouve que le titre de l'ouvrage dans les comptes-rendus.

PICARD . . . . . .   Thèse de Montpellier, Pharmacie, 1870. (Je n'ai pu me procurer cet ouvrage.)

VINSON . . . . . .   Intoxication par les poissons de Nouvelle-Calédonie. (Thèse de Paris, 1858); donne une analyse d'un cas d'intoxication par le Sparus venenosus rapporté par Cook et Forster (page 86 de la thèse).

CORRE....... Voyez *ibid.,* page 23.

LEROY DE MÉRICOURT. Dict. encyclopédique, article Calédonie.

NIELLY...... Éléments de pathologie exotique.

FOUSSAGRIVES et LEROY DE MÉRICOURT ont donné une liste de la plupart des poissons toxiques connus. Corre l'a reproduite dans son dernier article.

SUR L'ACUPUNCTURE

J'ai l'honneur de présenter à la Société de Biologie quelques aiguilles à acupuncture fabriquées au Japon. Elles y sont d'un usage fréquent aujourd'hui, bien que le nombre de ceux qui les appliquent ait diminué beaucoup depuis l'introduction des sciences médicales occidentales.

Elles sont formées d'un fil d'or ou d'argent aiguisé et portent à leur extrémité mousse un petit cylindre d'argent cannelé et ornementé qui permet de la faire rouler avec facilité entre les doigts. L'or et l'argent sont toujours alliés à des métaux pour acquérir une dureté suffisante.

Ces aiguilles ont un diamètre variant de 2 à 4 dixièmes de millimètre, une longueur de 8 à 12 centimètres.

Pour leur application thérapeuthique, elles sont introduites dans un petit tube d'argent et de cuivre qu'elles dépassent par leur tête; d'un petit coup de doigt la résistance de la peau est brusquement vaincue et pour faire pénétrer l'aiguille il suffit de rouler entre les doigts son extrémité cannelée en pressant modérément après avoir extrait le tube conducteur.

La pénétration de l'aiguille se fait sans douleur, comme j'ai pu m'en assurer à plusieurs reprises.

J'ai vu acupuncturer des animaux, des chats, sans qu'ils s'en aperçussent. Ayant été acupuncturé moi-même au travers de mes habits, j'ai senti si peu de douleur que je ne croyais pas à la pénétration de l'aiguille : cependant je vis la trace de la piqûre sur mon bras mis à nu. Il se produit une petite élevure rose à son niveau.

Les médecins acquièrent, comme on le voit, une grande habileté : cependant, il n'est pas nécessaire de faire de longues études ; mais ils ont pour se guider dans leurs officines un certain nombre de livres avec des images et des poupées sur lesquelles sont tracées les lignes et les points d'élection pour l'application des aiguilles. Ces lignes paraissent correspondre vaguement à des trajets vasculaires et nerveux. Elles sont quelquefois sans rapports connus. Les Japonais savent qu'il ne faut pas piquer les nerfs et ils enfoncent très-superficiellement leurs aiguilles dans les régions qu'ils soupçonnent nerveuses, car les connaissances anatomiques de ces spécialistes ne sont pas très-complètes.

Je montre à la Société quelques livres chinois et japonais qui traitent de l'acupuncture. Il existe à la Faculté une poupée montrant les lieux d'élection.

Cette méthode a été étudiée par les Hollandais dès l'arrivée des Européens au Japon : par Cleyer, *Specimen medecinæ sinicæ,* 1582. Un siècle plus tard, Ten Rhyne a fait un traité de *Acupunctura,* en 1683, où on retrouve de curieuses figures empruntées aux livres chinois. Kaempfer (*Hist. du Japon*) parle de l'acupuncture comme moyen de guérir la colique et même l'orchite.

Cette méthode se répandit en divers points de l'Europe. Elle fut l'objet de nombreuses expériences et recherches par Cloquet au commencement de notre siècle, publiées par Dantu, de Vannes, sous le titre « de l'acupuncture ». Il eut beaucoup de succès. Après lui, Béclard et quelques autres observateurs démontrèrent qu'on peut impunément percer les artères et même la substance nerveuse.

J'ai vu avec étonnement Cloquet signaler parmi les dangers de l'acupuncture, la douleur vive. Elle ne doit pas exister avec des aiguilles bien faites, mais il faut remarquer qu'il opérait avec des aiguilles ordinaires en acier.

Avant la vulgarisation en Europe de méthodes chinoise et japonaise, il y avait eu quelques tentatives d'acupuncture,

surtout par les chirurgiens qui voulaient opérer la cataracte
ou vider les suffusions intra-oculaires.

Mais au Japon, l'acupuncture était et est encore employée
pour guérir tous les maux. Elle était basée sur la supposition
de vents retenus dans les tissus auxquels il fallait donner
issue. Les parties du corps les plus diverses sont ainsi ponc-
tionnées ; les muscles, divers organes, le testicule, les cavités
pulmonaires et abdominales, l'œil même.

— * —

DES BAINS CHAUDS

(Extrait de la *Gazette médicale* 1883.)

Le bain est d'usage très-répandu dans le Japon. Il se prend quotidiennement, il est presque aussi obligatoire que les ablutions matinales. Il n'y a pas, dans Tokio (Yeddo) ou aux environs, de maison de quelque importance ou hôtellerie qui n'ait sa chambre de bain, et les bains publics sont à un prix extrêmement peu élevé. Le bain avec le linge y coûte 2 sens, un peu moins de 10 centimes. C'est une chose remarquable de voir comment les Japonais ont su trouver, pour les objets de première nécessité, à la fois le bon marché et le côté pratique. Cependant tout n'est pas parfait dans ces bains publics, comme nous le verrons plus loin.

Voici la disposition d'une chambre de bain. Une partie du plancher est inclinée pour laisser couler l'eau; l'autre est surélevée pour se mettre au sec. Dans la partie basse sont une baignoire, un petit réservoir d'eau froide, quelques baquets, le tout en bois.

La baignoire, moins longue que la nôtre, mais plus profonde, est une cuve ovale ou carrée en bois, dans laquelle il faut s'accroupir, les jambes pliées, au lieu de se coucher. Le système de chauffage en est ingénieux et simple. Un tuyau de poêle, en communication avec un fourneau à charbon, traverse le fond

6

de la cuve, puis sa cavité, et s'élève à quelque hauteur, maintenu par une planche posée sur les bords de la baignoire.

Quelques charbons suffisent pour élever et maintenir la température au point voulu.

Les Japonais prennent les bains à une chaleur insupportable
pour les Européens : notre bain le plus chaud leur paraît froid.
La température qu'ils aiment oscille entre 42 et 50 degrés
centigrades; elle varie suivant les lieux : moindre dans l'intérieur du pays, elle atteint son maximum dans les villes du
littoral ouest.

Du reste, le Japonais ne séjourne pas, comme nous, dans
l'eau. Après s'y être plongé pendant quelques minutes, il en
sort rouge et couvert de sueur, puis il complète sa toilette à
l'aide de petits baquets d'eau chaude et d'eau froide.

Le bain japonais ne peut être considéré comme ayant uniquement en vue la propreté. Elle y entre certainement en ligne
de compte, car le Japonais n'emploie pas le linge de corps; il
met sur sa peau des habits qui ne sont pas lavés tous les
jours. Il sent la nécessité de nettoyer sa peau, mais c'est seulement par les ablutions de la fin qu'il atteint ce but.

L'immersion dans l'eau chaude produit d'autres effets. Elle
est plutôt excitante et calorique. Il y a une excitation nerveuse qui se traduit chez l'Européen par une sensation de
douleur. La peau subit une congestion très-vive. Il survient un
fonctionnement exagéré de ses organes glandulaires.

L'effet physiologique le plus curieux, c'est la rapidité de
l'élévation de la température du baigneur. Le professeur Baelz
(de Tokio), qui a pris soin de la mesurer, a constaté une augmentation de deux degrés centigrades après une courte immersion. Cette température de 38.5 à 39.5 se conserve pendant
quelque temps, quelques heures. Les calories que le corps a
empruntées à l'eau ne se perdent que lentement. Ce bain est un
puissant moyen de chauffage. C'est à cause de cette hyper-
thermie que l'on voit, par les froids de l'hiver, le Japonais
s'attarder aux ablutions terminales dans la salle de bains.

Il n'est pas impossible que l'habitude de se plonger dans l'eau si chaude n'ait amené un endurcissement de la peau comparable à celui qui est le résultat de beaucoup d'excitations cutanées. C'est peut-être pour cette raison que les Japonais sont moins frileux, malgré des habits et des habitations qui ferment tous les deux très-mal; c'est pour cette raison aussi qu'ils supportent si aisément les ardeurs du soleil.

Quel est l'effet du bain chaud en été? Je l'ignore, mais il n'est pas sans intérêt de rappeler que les Chinois ont pour usage à ce moment de se rafraîchir le visage avec des linges trempés dans l'eau chaude, ce qui est pour eux la voie de transmission de diverses affections.

Ce bain chaud produit une illusion du toucher assez curieuse. Si plongé dans cette eau vous touchez avec votre main une partie de votre corps, elle vous paraît froide, bien qu'elle soit en réalité augmentée de température.

Le moment choisi pour le bain est en général celui qui suit immédiatement le repas du soir, tout à fait contrairement à nos idées, mais sans qu'il en résulte le moindre inconvénient.

C'est alors que se remplissent ces bains publics et communs dont tous les voyageurs ont donné des descriptions, et qui contrastent si fort avec nos conventions sur la pudeur et la décence. Aucun Japonais ne s'imagine qu'il fait mal en laissant voir les diverses parties de son corps. Dans la rue les robes flottantes découvrent les poitrines ou les membres inférieurs; l'homme de peine jadis nu, forcé aujourd'hui par la pudeur étrangère de vêtir au moins le tronc et de cacher ses organes génitaux derrière une bande de toile, relève son vêtement jusqu'à la ceinture pour se donner de l'air. Dans l'établissement de bains, hommes, femmes, enfants, sans costumes, se livrent aux divers soins de la toilette avec la plus parfaite indifférence du voisin. Je ne dirai pas la plus parfaite innocence, car il n'y a pas de secrets pour ces enfants de la nature; cependant n'allez pas croire que la réserve et la vertu n'existent pas au Japon.

La maison de bains se compose d'une boutique largement

ouverte sur la rue ou simplement grillée, d'une arrière-bouti-
que, et le plus souvent d'un petit étage.

La salle d'entrée sert à la fois de vestiaire et de lieu d'ablutions. Elle est souvent divisée par une barrière à claire-voie qui
sépare les sexes, mais n'a qu'une valeur fictive, car elle n'em-
pêche ni la vue ni le passage. Derrière est la baignoire ou plutôt
la piscine d'eau chaude. L'eau n'est pas renouvelée pour chaque baigneur. Ils y passent à la suite les uns des autres, par
raison économique certainement, mais contrairement aux données de l'hygiène.

L'eau se charge peu à peu de divers produits de déchet solides ou solubles qui étaient à la surface du corps des baigneurs.
Son impureté est d'autant plus grande qu'elle est moins souvent renouvelée. Un tel bain répugne à nos idées européennes,
et il n'est pas certain qu'il ne puisse devenir un agent de transmission de maladies virulentes ; sa chaleur n'est pas suffisante
pour détruire les virus ; c'est seulement leur degré de dilution
qui en diminue la dangereuse propriété.

L'étage supérieur est un lieu de réunion qui n'intéresse pas le
médecin. Il n'est fréquenté que par un petit nombre de baigneurs, parce qu'il a mauvaise réputation.

DE LA MANIÈRE DE S'ASSEOIR

(Extrait de la *Gazette médicale* 1883.)

Cette manière ne nécessite pas de mobilier spécial.

Le Japonais s'asseoit sur les nattes ou sur le plancher, toujours si propre des maisons. Il se met à genoux, tourne la pointe des pieds en dedans et appuie le siège sur les talons. L'extrémité inférieure du tibia, les articulations du tarse, le bord externe du pied, supportent directement le poids du corps ; les genoux y participent indirectement. Quand la fatigue est venue, c'est la position choisie pour se reposer. Elle est usitée dans la plupart des circonstances de la vie, au moment du repas, dans les réunions, les réceptions, pour se livrer à l'étude, pour parler à ses supérieurs. Elle est préférée par les natifs à notre manière européenne. Ils peuvent la conserver pendant plusieurs heures. Mais l'Européen la trouve pénible ; ses ligaments se révoltent contre la distension inaccoutumée qu'ils supportent ; il se produit de vives douleurs. Les ligaments du genou et principalement ceux du tarse sont tendus, la tête de l'astragale fait saillie ; un durillon se forme à la surface de la peau et au-dessous une bourse séreuse. La peau de l'extrémité inférieure de la jambe s'épaissit, principalement chez les femmes, qui sont plus sédentaires. Cette peau simule l'œdème. Il est important d'en être prévenu, parce que le béribéri ou kakké, maladie qui fait des victimes comme notre fièvre typhoïde, commence par un œdème dur de ces régions.

Les ligaments tiraillés s'allongent, les articulations du tarse deviennent souples comme celles du poignet, laxité articulaire précieuse à cause des inégalités des chemins et de la hauteur des chaussures, qui rendent les faux pas faciles et dangereux. L'habitude de porter la pointe du pied dans l'adduction pour s'asseoir se continue même dans la marche, surtout chez les femmes ; mais la mode y contribue aussi : c'est le *nec plus ultra* du bon genre.

Mettrons-nous aussi sur le compte de cette manière de s'asseoir l'écartement exagéré des genoux qui s'observe chez un petit nombre de Japonais et le peu de longueur du membre supérieur qui s'observe chez tous. Le peuple japonais, dit Chaplin Ayrton (Thèse, Paris 1878), se tient d'habitude accroupi à terre, n'étendant que fort peu les bras pour atteindre les objets qui lui sont nécessaires.

CHAUSSURES ET DÉMARCHE

(Extrait de la *Revue scientifique* 1883.)

Les chaussures habituellement employées par les natifs, qui ont conservé les traditions nationales, sont de deux sortes : en paille ou en bois. Le cuir n'est pas en usage. Autrefois cependant, d'après les récits de divers voyageurs, ont existé des sandales en cuir. Depuis la révolution, des souliers de cuir sont portés par un certain nombre de personnes qui prennent modèle sur les usages d'Occident.

1° *Des sandales en paille ou waradji.* — La semelle de ces sandales est moins longue que le pied, elle s'arrête à la naissance des orteils qu'elle laisse libres. De l'extrémité antérieure part un lien qui passe par le premier espace interdigital, puis se bifurque. Chaque partie se porte vers les parties latérales du pied. En arrière, la semelle présente deux anses qui s'appliquent sur les côtés du talon. Les liens de la partie antérieure s'y engagent, s'y réfléchissent et s'attachent sur le dos du pied. La chaussure est ainsi solidement fixée ; néanmoins, elle peut être enlevée avec facilité. Elle ne dure pas longtemps, surtout en temps de pluie ; elle doit être renouvelée souvent, aussi se trouve-t-elle partout à des prix minimes.

C'est la chaussure de fatigue, celle des hommes de peine, des coureurs, des voyageurs, même des soldats dans certaines conditions. Elle rappelle bien la sandale antique par sa forme et ses usages, exception faite de la matière première. Mais dans ce pays, la paille prend une importance que nous ne nous figurons pas. Tout l'accoutrement d'un voyageur en est formé ; outre la chaussure, la paille constitue le chapeau et le manteau. On connaît le chapeau hémisphérique qui sert d'ombrelle et de parapluie. Le manteau est d'espèces diverses : tantôt c'est une natte qui sert d'abri pour le jour et de lit pour la nuit, tantôt c'est un vêtement fait de brins de paille parallèles comme une toiture portative de chaume.

2° *Des sandales de bois à patins, ou guetta.* — Les guettas sont de plusieurs espèces. L'une d'elles a la forme d'un petit banc ; elle est construite avec trois planchettes, deux verticales et une horizontale. Le pied se place sur cette dernière et les planchettes verticales transmettent au sol le poids du corps ; aussi sont-elles rapprochées du centre de gravité. La postérieure répond à l'axe du talon, l'antérieure au milieu des métatarsiens. Elle est donc plus distante de l'extrémité que l'autre. Ces planchettes, pieds ou patins, sont le plus souvent élargies par en bas pour donner plus de point d'appui.

Au milieu des bords latéraux de la semelle partent deux liens rembourrés. Ils convergent vers le premier intervalle interdigital en passant sur le dos du pied, se réunissent alors en un seul faisceau qui a son point d'attache dans le bois en cet endroit.

La guetta se chausse en faisant glisser le cordon central dans l'espace interdigital, pour engager sous les deux arcades, d'une part, le gros orteil, de l'autre, les quatre derniers doigts. Les chaussons de toile blanche ou bleue, dont se servent les Japonais, ont toujours un doigt spécial pour le pouce, afin de permettre l'usage des guettas. La pression des orteils sur le cordon interdigital suffit, avec de l'habitude, pour maintenir la chaussure ; mais elle se défait avec la plus grande facilité.

Les autres espèces de guettas plus massives sont taillées dans un seul morceau de bois très-léger, le paulownia. Leur face supérieure, à contours arrondis, est plane et porte le même système d'attache ; quelquefois elle est ornée d'une tresse de paille fine. Les faces latérales sont verticales, quelquefois vernies en noir ; l'extrémité antérieure est taillée en biseau ; nous verrons dans quel but. Dans le milieu de la face inférieure, pour alléger la chaussure, est creusée une excavation ovale ou bien enlevé un morceau de bois cubique, de façon à figurer deux pieds ou patins comme dans l'autre guetta.

La hauteur des guettas varie : jamais moindre de 7 à 8 centimètres, elle peut être beaucoup plus grande ; les chaussures spéciales pour le mauvais temps sont élevées de 12 à 14 centimètres ; véritables petites échasses du haut desquelles on peut traverser les ruisseaux à pied sec.

La sandale de bois, sous ses diverses formes, est la chaussure actuellement la plus usitée à la ville comme à la campagne. Il ne semble pas qu'il en ait toujours été de même ; on ne la trouve pas décrite dans les auteurs anciens, bien qu'elle soit figurée sur d'anciennes gravures. Elle sert toutes les fois qu'il faut sortir de la maison, soit pour affaire, soit pour cérémonie, visites ou promenades, etc. C'est la chaussure de toilette. Les plus riches sont celles qui sont faites d'une seule pièce de bois très-léger, de paulownia.

On est fort étonné de voir les Japonais circuler avec ces guettas aux pieds. On s'imagine que, perchés sur ces hautes chaussures, ils courent des risques et sont menacés de faux pas, d'entorses, de fractures. Il n'en est rien cependant, grâce à la laxité articulaire qui résulte de leur manière de s'asseoir, et lorsqu'on a vu pendant quelques jours les adultes, ainsi chaussés, marcher avec aisance, les enfants courir et sauter, on revient de son préjugé.

L'adoption si générale des guettas est certainement la conséquence d'un usage particulier aux maisons japonaises. Sur leur plancher toujours ciré avec un soin jaloux, sur leurs nattes d'une propreté exquise, les habitants ne marchent jamais qu'avec respect, les pieds nus ou chaussés de toile. Il faut toujours, comme chez les Turcs et les Arabes, quitter ses chaussures à la porte.

La guetta, par la facilité avec laquelle elle se met et s'enlève, répond à cette indication. Par les temps de pluies, elle élève le pied assez haut pour qu'il échappe aux souillures, et à ce point de vue elle est supérieure à nos souliers si vite détrempés. Enfin, pour terminer la liste de ses qualités, elle est légère au pied et peu coûteuse à la bourse.

Par suite du progrès des mœurs européennes, l'usage des souliers se répand ; mais encore dans ce cas, leur forme est très-basse, pour qu'ils puissent s'enlever aisément à l'entrée de chaque maison.

Dans la marche avec la guetta, lorsque le corps se déplace en avant, la jambe se fléchit, le talon se soulève ; puis le centre de gravité étant arrivé en avant du patin antérieur, la chaussure bascule de façon que son extrémité touche le sol. C'est pour cela qu'est taillé le biseau de l'extrémité antérieure sur les guettas d'une seule pièce. Telle est, pour le pas ordinaire et accéléré, la démarche qui n'a rien d'extraordinaire ; mais souvent aussi le Japonais prend une allure toute différente et vraiment curieuse.

Le corps est penché en avant, les genoux pliés ; la progression se fait à pas petits et très-rapides, sans lever les jambes, en traînant les guettas bruyamment ; l'amplitude des mouvements d'oscillation des membres inférieurs est très-faible, de façon que le centre de gravité ne subit pas le déplacement signalé tout à l'heure ; la chaussure touche toujours le sol par ses deux points d'appui. Ajoutez à ce tableau la pointe des pieds tournée en dedans et vous aurez une idée de ce mode de progression singulier. A première vue, on croirait la moitié des habitants de Tokio et surtout les femmes atteints de paralysie agitante et précipitant leurs pas pour rattraper leur équilibre toujours compromis par une impulsion maladive ; mais le visage souriant et parfois gracieux de ces faux paralytiques fait rapidement disparaître une telle impression.

L'usage de sandales en bois à patins n'est pas spécial au Japon, mais nulle part il n'est aussi généralisé. Dans d'autres contrées, elles sont ou ont été employées pour des usages spéciaux et restreints ; ainsi en Algérie et en Turquie il existe des sandales spéciales pour les bains maures. On peut voir au musée de Cluny, sous le n° 6808, des patins de bain à pieds très-élevés usités à Damas et à Constantinople. Ces chaussures peuvent même être employées au dehors : j'ai vu les Kabyles de la tribu des Ouaddia s'en servir pour circuler dans la boue par un jour de pluie. Des exemplaires de patins sandales de femme turque sont déposés au musée de Cluny, n° 6806.

Des patins ont été ajoutés aux chaussures dans le but de grandir ceux qui les portaient. Balduinus (*De Calceo*, p. 144. Amsterdam, 1664) donne une figure qui représente un acteur du bas-empire romain monté sur des cothurnes à patins pour se donner une plus belle prestance dans le rôle d'Hercule. C'était l'usage pour figurer la haute stature des héros de l'antiquité. Plus tard, au seizième siècle, les dames nobles d'Espagne et d'Italie, principalement de Venise, prirent la mode des patins très-élevés. Divers exemplaires des chaussures de cette époque, conservés au musée de Cluny, n° 6642, atteignent une hauteur de 49 centimètres. Ils sont attribués à des courtisanes. Ces chaussures, fort incommodes, nécessitaient un personnel de domestiques pour aider à faire quelques pas.

En France, vers le quinzième siècle, existèrent des patins en bois à poulaine. Dans l'Inde, se trouvent des patins très-bas ; en Chine, également.

Ce qui distingue les chaussures japonaises, c'est le mode d'attache au pied. Tous les patins, arabes, français, vénitiens, chinois, indous, sont attachés par des brides, et aucun ne l'est par le lien en Y des Japonais.

Cependant dans l'Inde, de la bride descend un lien qui forme une gaine pour le gros orteil. D'autres fois la sandale est maintenue par la pression des deux premiers orteils sur une tige

solide en forme de bouton ou de fleur du lotus placée à l'extrémité antérieure de la semelle de bois. Il faut aller en Cochinchine et en Malaisie pour retrouver le lien en Y, mais sur des
chaussures de cuir. On a trouvé entre ces peuples d'autres rap-
prochements, quant à la disposition des maisons, à l'usage de
noircir les dents ; mais ce n'est pas ici le lieu de développer
ces points. Il est certain que les Malais ont contribué à former
la population du Japon, et que la Cochinchine a eu des relations commerciales avec lui avant sa formation.

La chaussure de paille est commune en Chine et au Japon.

MOYENS DE TRANSPORTS ET COUREURS

(Extrait de la *Revue scientifique* 1883.)

C'est surtout dans le transport des voyageurs que les méthodes ont changé depuis vingt ou trente ans. La modification des
usages du temps passé a donné lieu à une profession bien curieuse.

Le principal véhicule d'autrefois était le *norimon* ou *cango,*
sorte de caisse plus ou moins ornée dans laquelle se plaçait le
voyageur. Elle était suspendue par sa partie supérieure à une
longue et solide pièce de bois dont les extrémités étaient supportées par les épaules de deux hommes. Le cheval servait rarement, il n'était à la portée que des seigneurs. Le voyageur
se tenait assis ou accroupi sur la selle, dans une posture in-
commode, tandis qu'un domestique conduisait l'animal par la
bride. Les guerriers seuls montaient véritablement à cheval.
C'était donc surtout l'homme qui était chargé de transporter
son semblable. Pour les fardeaux, sa force était aussi beaucoup plus utilisée que celle du cheval, excepté dans les endroits impraticables, et il en est encore de même aujour-
d'hui.

Le cheval japonais est, du reste, d'une vilaine espèce. Il a le
ventre gros, l'encolure d'une courbe disgracieuse, la crinière
hérissée, le poil long. Il présente, comme particularité, d'être

chaussé d'une sorte de sandale de paille qui lui tient lieu de ferrure.

Aujourd'hui le norimon a disparu. Des chemins de fer existent déjà ou sont en construction sur plusieurs points. La capitale a ses tramways et des omnibus relient plusieurs villes. Mais l'état des routes est tel qu'il est dangereux de s'aventurer dans ces derniers véhicules, et l'on s'occupe si peu de les améliorer qu'il en sera de même encore pendant quelque temps. On parcourra le Japon en chemin de fer avant qu'on puisse circuler sur de bonnes routes carrossables.

Seules des voitures légères peuvent pas-- dans ces chemins difficiles. Aussi les petites voitures traînées à bras d'homme, qui ont succédé aux norimons, sont-elles surtout en usage. Elles pullulent dans les villes, et chaque village possède sa station. Les conducteurs de voitures, nommés couroumaiasan ou ninzogo, s'offrent au voyageur comme ici les cochers de Paris. Mais le pas lent des conducteurs de norimons a été remplacé par une allure plus rapide sur laquelle je veux attirer l'attention.

Pour les courses dans la ville, pour les voyages, c'est l'homme qui traîne son semblable dans de légers cabriolets. Il se place entre les brancards, reliés en avant par une petite traverse, et après que vous êtes installé sur le siège, il lève les brancards, choisit une position où sa charge est à peu près en équilibre ; puis, appliquant les mains à l'extrémité du levier ainsi formé, il donne la première impulsion en penchant le tronc et il continue à avancer ainsi courbé. La nuit, il porte en outre une lanterne en papier pour s'éclairer. L'allure ordinaire est la course. Une distance d'un kilomètre n'est rien ; sur les terrains plats et les pentes, c'est pendant des lieues que peuvent courir ces hommes. Dans les montées, ils refusent rarement de vous traîner et se soumettent à des efforts vraiment pénibles ; le Japonais ne descend presque jamais ; l'Européen, ému de pitié, le fait habituellement. Si le voyageur est lourd et le voyage long, on double l'attelage : un homme reste dans les brancards, le second se place en avant pour tirer sur une corde attachée à la voiture, ou en arrière pour pousser en courant. Ces hommes atteignent ainsi la vitesse d'un bon cheval et ils suffisent pour parcourir des distances depuis 40 jusqu'à 100 kilomètres.

Ce travail musculaire ne tarde pas à développer un excès de chaleur ; rapidement la sueur paraît, puis ruisselle sur le corps du coureur, qui ne garde de vêtements que le strict nécessaire réclamé par les lois. Au terme de la course, il passe quelques instants à essuyer sa sueur ; puis l'accélération du cœur et de la respiration cesse au bout de quelques minutes et tout est rentré dans l'ordre habituel.

Je n'en ai rencontré qu'un seul, déjà âgé, qui fût obligé de ralentir le pas dans les courses rapides. Il est curieux de savoir que les hommes de cette profession ne sont pas soumis à une sorte de dressage ; poussés par la misère, du jour au lendemain ils sont établis coureurs. Lorsque la révolution, abolissant les privilèges, eut amené la ruine dans quelques familles riches autrefois, on vit les hommes cherchant des moyens d'existence embrasser cette profession. D'anciens officiers Samouraï sont aussi devenus des coureurs de djinrikisha ou courouma ; tel est le nom de ces voitures.

Pendant la course, aucune précaution. Ils avancent en poussant des cris pour prévenir les passants de s'écarter ou pour renseigner ceux qui viennent derrière eux, lorsqu'ils sont attelés à plusieurs ou bien que plusieurs voitures se suivent.

Le système musculaire acquiert par un tel exercice un beau développement, principalement dans les membres inférieurs.

On est surtout étonné en comparant le résultat du travail avec l'alimentation : du thé, du riz, quelques herbages, des patates, un peu de poisson leur suffisent et entretiennent leurs muscles volumineux.

Notre civilisation a apporté à ces hommes un danger qui n'existait pas auparavant. Ils sont obligés de se vêtir sous prétexte de décence, sentiment de convention qui faisait complè-

tement défaut chez eux avant l'arrivée de certaine nation
occidentale bien connue par sa pudeur, et ils doivent garder
sur le corps leurs habits trempés de sueur. C'est pour eux
l'origine d'innombrables rhumes, bronchites, pleurésies, assez
rarement cependant de pneumonie; rarement aussi ils deviennent tuberculeux.

Cependant l'habillement est quelquefois réduit à sa plus
simple expression : des sandales de paille aux pieds, les membres inférieurs nus, une serviette blanche placée entre les
jambes et attachée à la ceinture, une veste à larges manches
fendue sur le devant et serrée à la taille par une ceinture, un
chapeau hémisphérique sur la tête pour le soleil, un mouchoir
bleu tendre pour s'essuyer la figure et le reste du corps com-
posent tout le vêtement; quelquefois, une chemise, un plastron
de coton maintenu par deux bretelles en croix dans le dos, et
des pantalons collants en toile.

L'ancien système, à mon avis, était préférable. Le chef était
protégé par le chapeau traditionnel, le corps était complètement nu, orné seulement de tatouages bleus et rouges cou-
vrant les bras, le dos et les cuisses de dessins bizarres ou gracieux ; c'étaient des personnages variés, des femmes, des guerriers, des chasses ou des allégories burlesques : le renard s'en-
fuyant au terrier, le serpent rentrant dans son trou.

Quoi qu'il en soit du dessin, la méthode de la nudité était
préférable à celle de l'habillement au point de vue de la santé
de ces travailleurs. Ici la morale est en désaccord avec l'hygiène. Si quelque chose est choquant, c'est de voir l'homme
réduit au travail bestial, plutôt que découvert à l'état de nature.
Il fallait supprimer cette profession dégradante ou bien accom-
moder les mœurs aux nécessités.

La population des traîneurs de voiture est extrêmement importante; il y a plus de 30.000 coureurs à Tokio, et chaque
ville ou village en renferme une proportion considérable, car
le Japonais est doué de l'amour du voyage.

Il n'y a rien d'exagéré dans ce que j'ai écrit de la vitesse à la course et de la résistance à l'essoufflement de ces hommes. On peut journellement, à Tokio, faire la comparaison de leur vitesse avec celle des chevaux. Il est d'usage, pour les chevaux de luxe, qu'un domestique soit attaché au service de chaque animal : il ne doit jamais le quitter, il sort avec lui, marche avec lui, court avec lui. On le voit alors, pendant la course du cheval, devançant la voiture de quelques mètres et avertissant par ses cris les passants qui se trouvent sur le chemin. C'est, du reste, un usage commun à plusieurs peuples. Il ne serait pas difficile dans ce pays de trouver des hommes capables de concourir avec les coureurs célèbres de Paris et de les battre aisément. C'est surtout dans les grandes villes et autour de Tokio qu'on observe cette rapidité des coureurs. Dans la plupart des campagnes, les hommes marchent rapidement en faisant de grandes enjambées.

CONDITIONS ET CARACTÈRES DES HABITATIONS

A TOKIO

Il est nécessaire d'exposer en quelques mots les dernières conditions climatériques et géologiques qui ont déterminé l'adoption du type d'habitation spécial à ce pays.

L'ancienne ville de Yeddo, appelée aujourd'hui Tokio ou la capitale de l'est, se trouve par 35 degrés de latitude nord, à peu près à la même hauteur qu'Oran en Algérie. Mais, malgré cette situation, elle n'a pas le climat des pays chauds à cause du voisinage de la Sibérie, du régime des vents et des pluies.

En été, le soleil brûle, le vent vient du sud, le thermomètre marque 32 degrés à l'ombre, la chaleur est excessive comme sous les tropiques. C'est, de plus, la saison des pluies fréquentes et prolongées, l'humidité s'ajoute à la chaleur.

En hiver, il fait froid, il gèle à 4 ou 5 degrés au-dessous de zéro. Le vent souffle nord-ouest des glaces de la Sibérie, mais c'est un froid sec. Contrairement à nos pays, la fin de l'automne et la moitié de l'hiver, du 15 octobre au mois de février, forment la saison de la sécheresse, la véritable belle saison; alors le soleil brille toute la journée, et il envoie de puissants rayons caloriques, de sorte que les basses températures ne sont pénibles que soir et la nuit.

La neige couvre la terre vers le mois de février.

La ville de Tokio se trouve au-dessus de la zone des moussons. Elle en ressent néanmoins l'influence, car les vents qui y dominent soufflent dans des directions connues à l'avance pour chaque moitié de l'année. Mais comme la limite entre les vents réguliers et variables est le point où se produisent facilement des collisions entre les masses d'air en mouvement, il en résulte que cette contrée est soumise à de fréquentes sautes de vent et quelquefois à des tempêtes. Que le vent froid du nord succède brusquement à l'air chaud du sud, le thermomètre subira une oscillation de plus de 10 degrés en peu de temps. Mais cette instabilité de la température n'est rien à côté des dangers que fait courir aux habitations la fureur du vent. Dans les simples coups de vent, la maison n'a pas à craindre d'être démolie, le péril vient des incendies qu'il serait impossible d'arrêter. Dans le cas des typhons, qui sévissent principalement aux mois d'août, septembre et octobre, au changement de mousson, il en est autrement. Les vent acquiert une puissance et une rapidité irrésistibles : il soulève la mer, brise les arbres, renverse les maisons ou bien les arrache par morceaux quand une ouverture quelconque lui a donné prise. Quelquefois le vent agit seul, le ciel restant pur : c'est le typhon sec ; mais aussi des pluies torrentielles peuvent le précéder pendant deux ou trois jours et préparer l'œuvre de destruction : c'est alors le typhon humide. Les murs bâtis à l'européenne sont détrempés et incapables de résister à la poussée du vent ; c'est ainsi que, récemment, une caserne de Tokio ensevelit un grand nombre de soldats sous ses ruines.

A côté des typhons se placent les tremblements de terre, qui sont bien plus redoutables et plus fréquents. On en compta 47 en 1878, 28 en 1879, 26 en 1880, deux par mois en moyenne. On trouve l'explication de leur fréquence dans le nombre de volcans dont le sol des îles japonaises est hérissé. La montagne sacrée de l'empire, le célèbre Foudji-Yama, cher aux artistes japonais, qui reproduisent sur toutes leurs œuvres son cône couronné de neige, n'est qu'un immense volcan éteint qui s'élève de 4.000 mètres au-dessus du niveau des mers et domine tout le pays de son énorme masse. Il donne une idée de l'intensité des phénomènes volcaniques qui agitent cette contrée.

Quelques-uns de ces tremblements de terre ont été terribles : aux dangers de l'écrasement s'ajoutèrent ceux de l'incendie qui s'alluma dans les décombres. Heureusement, depuis nombre d'années, la terre tremble au Japon sans faire de victimes, mais les craintes des Japonais n'ont pas cessé pour cela : à la moindre secousse, ils se précipitent hors de leurs demeures.

Protéger les habitants à la fois contre le soleil, la chaleur, la pluie et le froid, les typhons et les tremblements de terre, telles sont les conditions que doit réunir une maison japonaise; on conviendra qu'il est difficile de concilier tant d'exigences contraires. Si vous faites la maison légère pour qu'elle n'écrase pas ceux qu'elle couvrira de ses ruines pendant les tremblements de terre, elle sera enlevée par le vent des typhons ; si vous lui faites de larges ouvertures pour avoir de l'air frais pendant la chaleur, comment vous défendrez-vous du froid pendant l'hiver? Les Japonais ont dans une certaine limite résolu la difficulté : c'est, du reste, un caractère spécial à la civilisation de ce pays d'avoir su trouver, pour arriver au but, des moyens simples, pratiques et économiques.

Le choix des matériaux de construction a été imposé par la crainte des tremblements de terre. La pierre n'y est pas employée, les maisons sont faites de bois dont les diverses pièces sont solidement articulées. Elles craquent dans leurs articulations aux secousses, sans tomber, à moins de déplacements exagérés.

Les bois à bâtir sont choisis d'une essence résineuse afin qu'ils résistent à l'humidité, et le pays s'y prête, car les conifères y croissent en abondance.

Contre le typhon, aucune disposition spéciale à signaler lorsque les maisons peuvent se prêter par leur voisinage un mutuel appui ; en cas d'isolement il faut leur donner de la stabilité en augmentant leur poids, et dans ce but on leur fait une massive toiture en lourdes tuiles, ou bien on charge de pierres les couvertures de chaume. Ce poids au-dessus de la tête est une menace perpétuelle pour les habitants, qui ont toutefois le bénéfice de la solidité de la charpente, faisant de la maison une sorte de boîte posée sur le sol.

Les constructions en bois ont le grave inconvénient de devenir la proie des flammes. Il n'est pas de jour en hiver où n'éclate quelque incendie, lorsque la sécheresse dure depuis longtemps. Le feu devient une calamité publique quand le vent vient à s'élever : il vole d'une maison à l'autre, nulle force humaine ne peut l'arrêter; il s'étend sur une longueur de plusieurs kilomètres et ne cesse que faute d'aliment au bord d'un fleuve ou de la mer. C'est ainsi qu'en 1879, à Tokio, douze mille maisons furent brûlées en une seule nuit; on se fait difficilement une idée de l'importance de ces feux et de la terreur qu'ils inspirent dans le pays. Les Japonais déménagent dès qu'ils sont sous le vent du foyer, malgré la distance qui les en sépare, et leur ameublement est préparé dans ce but d'une manière spéciale. Les compagnies d'assurances contre l'incendie ne peuvent s'organiser dans ce pays.

Il existe cependant des constructions en pierre nommée *dozo* à côté de la plupart des maisons de quelque importance. C'est une maçonnerie massive de forme rectangulaire, couverte d'épaisses tuiles et percée de rares ouvertures qui peuvent se fermer à l'aide de massives dalles de pierre. Elles sont spécialement destinées à protéger les marchandises contre le feu et servent rarement d'habitation. A l'heure du danger on les clôt soigneusement, on en bouche tous les interstices et toutes les fissures à l'aide d'argile détrempée conservée dans des réservoirs, puis elles sont abandonnées. Elles restent debout au milieu des cendres, mais la chaleur intérieure devient assez forte pour avarier ce qu'elles doivent protéger.

Les maisons japonaises présentent ce fait bien curieux d'être construites avec des matériaux préparés à l'avance sur des mesures communes : les poteaux de soutènement, les autres pièces

de charpente, les volets, les chodjis sont en quantités innombrables dans des magasins qui couvrent tout un quartier de
Tokio. D'où vient cette uniformité dans les constructions?
C'est un reste de l'époque féodale, lorsque des ordonnances
sévères réglaient la hauteur, la forme et l'emplacement des
habitations des manants; seuls les seigneurs pouvaient construire à leur fantaisie. L'effet de cette coutume est remarquable, il en résulte une rapidité très-extraordinaire dans les
constructions.

La maison japonaise a donc sur les nôtres l'avantage d'être
très-rapidement construite. Du bois, du papier, de l'argile, du
mortier, du chaume et des tuiles, voilà des matériaux. Elle se
compose essentiellement d'un toit et d'un plancher supporté
par des poteaux. Elle est formée surtout par des cloisons
mobiles et en quelque sorte accessoirement par des murailles.

Pas de fondations, la maison se pose sur le sol : on articule
rapidement les plus grosses pièces de bois pour en marquer
les limites et les divisions, puis on pose le toit, ensuite le plancher et enfin on s'occupe des murailles et des cloisons. Les toits
semblent être l'objet d'une prédilection spéciale des architectes
japonais : ils les superposent à plaisir, ils en mettent partout,
un simple poteau isolé est coiffé de sa petite toiture. Les toits
des constructions de pierre ou dozo ont seuls la forme d'un
double plan incliné et l'air européen; toutes les autres toitures
sont à quatre pans comme un prisme coupé à ses deux extrémités et débordent largement comme dans les chalets. Le
mélange des toits donne l'impression de petites maisons européennes perdues au milieu d'une foule de maisons japonaises.
Tantôt le chaume constitue toute la toiture, qui est alors d'une
épaisseur colossale, et dont le sommet est surmonté d'un autre
petit toit qui représente les faîtières. Tantôt ce sont des tuiles
et du bois. Les tuiles, très-lourdes, ne recouvrent que le toit
proprement dit, qui ne déborde pas, et des faîtières ouvragées
et massives en ornent les arêtes. La bordure saillante est faite

de légères planchettes de bois, elle se dégage au-dessous de l'autre et se relève légèrement.

Le plancher n'a rien de spécial, excepté son mode de suspension à 50 centimètres du sol sur des poutres qui relient les divers poteaux. Il donne à la maison l'apparence d'un meuble posé sur ses pieds ou d'une construction sur pilotis.

Une autre caractéristique de l'habitation japonaise est l'étendue des ouvertures qui y sont réservées. Il n'y a de murailles que du côté exposé à la pluie, autour de la porte, au niveau des dépendances, cuisines, bancs, cabinets. Encore ces murailles, faites de madriers noircis ou de lattes enduites d'argile et de mortier, ne vont-elles pas jusqu'à terre ; elles sont supportées par le plancher.

Il reste entre les poteaux de larges ouvertures béantes qui seront fermées par des cloisons mobiles de deux ordres différents. Les unes, solides et larges volets de bois, se posent sur la bordure du plancher et montent jusqu'au toit, glissent dans des rainures et rappellent la fermeture de nos magasins. Elles ne s'emploient que la nuit, et en prévision des tremblements de terre on y a réservé de petites portes permettant de fuir lestement en cas de danger. Les autres cloisons, qui limitent les appartements proprement dits, sont placées à un mètre en arrière des premières, de telle sorte que la surface de plancher laissée libre entre elles forme un balcon pendant le jour et un corridor pendant la nuit. Cette cloison intérieure, nommée *chodji*, est une véritable curiosité du Japon à cause du rôle qu'y remplit le papier. C'est un cadre de sapin supportant un grillage rectangulaire serré de baguettes de bois sur lequel sont tendues et collées des feuilles de papier blanc et mince qui remplacent le verre. Elle monte un peu moins haut que le volet extérieur, une charpente spéciale descend du toit pour la recevoir dans une rainure nécessaire à ses déplacements. Cette enveloppe blanche sous les toits noirs, ce balcon de planches ciré et luisant donnent à la maison japonaise un cachet vraiment original. La séparation des appartements se fait tantôt

par des murailles de lattes et de mortier, tantôt par les chodjis
de papier blanc, tantôt enfin par des cloisons mobiles un peu
plus épaisses, qui ressemblent à nos paravents et se désignent
du nom de *karakamis*.

Les murailles noires sont embellies par de petites fenêtres
carrées munies de grillages, par des boîtes rectangulaires sail-
lantes qui logent les volets ou par diverses petites maison-
nettes ajoutées à la construction principale. La porte, qui ne
présente rien de spécial et qui ne serait pas nécessaire, étant
données toutes les autres ouvertures, sert assez souvent comme
ornement.

Les maisons ont très-fréquemment un étage, rarement plus.
Celui-ci ne surmonte jamais qu'une partie de l'habitation; la
bordure du premier toit se continue au-dessous de lui, de sorte
qu'il a l'air d'une maisonnette bâtie sur un toit. On y trouve
des murailles et des cloisons ayant les mêmes caractères qu'au-
dessous, et sa galerie de planches est pourvue d'une balustrade
qui en fait un véritable balcon.

L'ameublement japonais est très-sobre. Le plancher de la
maison en est une partie très-importante. Sur la vérandah, il
est nu, mais soigneusement ciré, et il reluit comme un miroir.
A l'intérieur, il est couvert de nattes spéciales appelées *tatamis*, qui se font de la manière suivante : sur de grands cadres
de bois sont tressées plusieurs couches de paille de riz formant
une épaisseur de plusieurs centimètres. Comme ces nattes sont
faites sur mesures fixes, il suffit de les compter pour savoir
l'étendue d'un appartement. Ces tatamis servent à la fois de
tapis pour marcher, de siège, de table et de sommier pour
dormir. Aussi sont-ils entretenus avec une extrême propreté
et sont-ils l'objet d'un véritable respect de la part des Japonais de toutes les classes. Les chaussures sont laissées à la
porte de la maison et on n'est admis qu'avec des pieds propres
nus ou ornés de chaussons bifides de toile. En outre, il existe
des sandales spéciales pour l'intérieur des appartements. L'Européen doit se soumettre à cette coutume, bien que ses chaus-

sures soient plus difficiles à ôter que celles des Japonais. Ce
serait faire une impolitesse impardonnable que de promener
ses pieds crottés sur les tatamis.

Dans les bonnes maisons, de petits coussins carrés en velours sont offerts pour siège ; mais, habituellement, il n'y a
rien d'interposé entre le Japonais assis et le tatamis.

Le repas est apporté sur un grand plateau laqué.

La même chambre peut servir à la fois de salon, de salle à
manger et de chambre à coucher, mais, en général, aussitôt
que les Japonais peuvent posséder plusieurs chambres, ils en
réservent une partie pour la vie de famille, qui est soustraite
aux yeux du public.

Le lit à l'européenne est inconnu. De minces matelas de
ouate, nommés *fton,* rangés le jour dans des armoires, sont
étalés la nuit sur les tatamis. Leur épaisseur est de 2 à 3 centimètres. On en emploie rarement plus d'un ou deux. Il n'y a
pas de draps. L'enveloppe du fton est de cotonnade ou de soie;
on s'y étend tout habillé en hiver, plus ou moins nu en été. La
couverture est représentée par un autre fton qui a la forme
d'une houppelande et présente des manches. L'oreiller, nommé
makoura, est un bloc de bois haut de 10 à 12 centimètres, dont la
face supérieure, longue de 20 centimètres et large de 5, porte
un petit coussin cylindrique enveloppé de papier et maintenu
par un lien. La nuque ou la joue du dormeur appuie sur ce singulier oreiller, qui est un véritable instrument de supplice pour
un Européen, à cause de la distension du cou et de l'endoloris-
sement de la peau comprimée. Le makoura était autrefois nécessaire aux Japonais des deux sexes à cause des coiffures
compliquées qui ne se renouvelaient que tous les deux ou
trois jours. Il devient moins utile aujourd'hui pour les hommes, dont beaucoup ont adopté la coupe de cheveux européenne.

Quelques artistes, darwinistes peut-être, supposent que l'emploi de cet instrument a déterminé un allongement du cou des
Japonais. Les femmes, en effet, se distinguent fréquemment

par la grâce de leur col et la perfection de ses attaches avec la
tête et la poitrine.

La dureté n'est pas le seul reproche que je ferai à cette literie japonaise. La propreté parfaite des ftons n'est pas com-
patible avec l'absence de draps, et quelle que soit la richesse
de l'enveloppe des matelas, qu'ils soient de velours ou de soie,
ils serviront d'agent de transmission pour des maladies et les
parasites d'un individu à l'autre.

Un *andon*, sorte de veilleuse placée dans une très-haute lanterne quadrangulaire ou cylindrique à carreaux de papier, en-
tretient la lumière dans la chambre pendant toute la nuit.

Un paravent à deux ou trois valves, fait de papier ou de
paille de riz, est placé à la tête du lit pour protéger contre les
courants d'air.

En été, un moustiquaire peut être nécessaire.

Les meubles proprement dits n'existent pas; ils sont rempla-
cés par des armoires à coulisses ménagées dans les murs et des
malles présentant des sortes d'anses, dans lesquelles on peut
passer un long bâton pour les transporter à deux personnes.
Plusieurs malles se superposent et s'attachent les unes aux
autres par ces anses, de façon qu'on peut d'un seul coup en
emporter plusieurs èt sauver tout le mobilier en un instant, ce
qui est précieux dans les incendies terribles de ce pays.

Une boîte pour la toilette, un miroir métallique, un éventail,
une machine à compter, un temple portatif à une divinité du
pays, et enfin le *brasero* complètent l'énumération des pièces
d'ameublement habituelles.

Un endroit de la maison est spécialement destiné aux ablutions matinales, souvent il existe une salle de bains; des réservoirs d'eau, de petites auges en pierre sont placées le long
de la vérandah, près des cabinets et ailleurs. Les Japonais
passent une partie de leur journée à se tremper les diverses
parties du corps dans l'eau, mais sans penser à laver leurs
habits.

Une petite table portant un vase de bronze avec une fleur de

chrysanthème ou une porcelaine avec un cerisier nain fleuri;
une étagère avec de rares bibelots; des aquarelles ou des manuscrits poétiques sur soie montés comme des cartes géogra-
phiques et pendus au mur, tels sont les ornements qu'on peut
voir dans ces intérieurs et dont un seul suffit souvent. Pas de
peintures sur les murs ou les boiseries. Au contraire, le papier
des *karakamis* et des armoires en est couvert. Le bon goût est
d'avoir des poteaux bien visibles dans le mur et bien polis. Une
marche inutile qui fait saillie dans un coin de l'appartement,
un mur qui descend du plafond sans raison, suspendu par de
beaux morceaux de bois, une armoire de forme irrégulière,
une planche piquée aux vers au-dessus d'un portail, voilà des
détails de construction qui s'observent chez les riches.

Les habitations japonaises semblent avoir été construites
uniquement en vue d'un climat chaud. Les larges toits qui débordent à chaque étage protègent admirablement contre le
soleil et projettent une ombre agréable dans les appartements.
Les châssis, qu'on peut glisser dans toute l'étendue de la
maison, laissent circuler à l'aise la plus légère brise et permettent de profiter de la fraîcheur qu'elle vous apporte.

Les carreaux de papier laissent passer un demi-jour et ar-
rêtent la chaleur.

En même temps aussi, les toits protègent efficacement contre
les pluies si fréquentes pendant les mois d'été, et, en cas d'insuffisance de protection, on glisse les volets de bois. Le grand
ennemi des maisons est l'humidité, qui pénètre partout et altère
tout. Les moisissures poussent en abondance. Aussi les bois
de construction ont été choisis d'une essence résineuse spéciale, et une ventilation parfaite a été assurée pour résister à
cette cause de destruction. Sous la maison, à travers la maison, l'air circule et produit le dessèchement nécessaire. Les
paillassons dont est garni le plancher forment une couche
isolante qui oppose à la fois résistance à la chaleur et à l'humidité qui viennent du sol sous-jacent. On comprend que si le
plancher n'était pas assez élevé et que le sol placé au-dessous

ne pût être desséché, si les eaux ménagères, les produits des vidanges y séjournaient, le Japonais dormirait au-dessus d'un foyer d'infection.

Bonne contre la chaleur, la maison japonaise est tout à fait insuffisante contre le froid. Elle n'a de bien que la couche épaisse de tatamis qui couvre son plancher. Mais elle est mal fermée par ses fenêtres de papier, par ses cloisons qui approchent incomplètement, et surtout, ce qui est plus grave, le Japonais ne sait pas se chauffer. Pas de cheminée ni de poêle. Il n'y a d'autres moyens de chauffage que le brasero nommé *chibatchi*. C'est un grand vase de métal rond ou carré, dans lequel se mettent des cendres et des charbons incandescents. Tantôt il est nu, poli et brillant, tantôt encastré dans une caisse de bois munie de tiroirs pour le thé et le tabac. Ce vase joue un grand rôle dans un intérieur japonais en hiver. Le chibatchi est allumé nuit et jour. C'est autour de lui que la famille se réunit, que les visiteurs sont reçus. Une bouilloire d'eau chaude pour le thé y est en permanence. Il sert à préparer les tasses de thé et à allumer les pipes de tabac, dont il se fait une consommation étonnante. Souvent aussi il tient lieu de fourneau de cuisine. Il finit, lorsque la pièce reste close, par en échauffer l'air et en rendre la température supportable.

Il dégage naturellement une certaine quantité d'acide carbonique et d'oxyde de carbone, mais la ventilation est si bien assurée qu'il n'y a jamais eu d'intoxication. Le suicide par le charbon est une chose inconnue. Le danger du chibatchi est d'une autre nature : comme il est placé dans la chambre à coucher et souvent près des dormeurs, il peut mettre le feu aux objets de literie et déterminer des incendies.

Pour terminer et me résumer en peu de mots, je dirai que la propreté et une certaine coquetterie artistique sont les deux grandes qualités des habitations japonaises, mais que l'absence de *confort* est leur immense défaut.

Ce que j'ai dit de l'uniformité des matériaux de construction préparés à l'avance ne doit pas faire croire que les maisons japonaises se ressemblent toutes entre elles. Au contraire, exception faite des boutiques, la diversité de forme est excessive et charme les yeux du voyageur. Un très-beau type d'habitation est celle qui est isolée dans un jardin, comme il s'en voit beaucoup dans certains quartiers de Tokio. Comme enceinte, une palissade de planches. Sur la rue, une porte cochère massive, et de chaque côté des constructions qui n'ouvrent que sur le jardin et montrent au dehors de solides murailles de bois posées sur un petit mur de pierre, véritable rempart percé d'étroites ouvertures grillées, souvenir du temps des luttes féodales.

Dans le milieu d'un jardin, cultivé avec le talent curieux des jardiniers japonais, s'élève une gracieuse et légère construction où habite le maître.

A côté est le *dozo* incombustible.

Le propriétaire est-il moins riche, le jardin est petit, la palissade en bambous, la porte moins monumentale; l'effet n'est pas moins joli.

Posséder un jardin semble être un besoin des Japonais, car les plus pauvres gens en construisent dans leur cour ou devant leur porte, qui ne mesurent pas deux mètres carrés de surface.

Bien que les maisons de Tokio soient souvent séparées par des jardins, bien que cette ville prenne en beaucoup d'endroits l'aspect d'un village, cependant il existe des quartiers populeux où les maisons s'entassent les unes sur les autres et s'étouffent entre elles. Les seules sur lesquelles je dois appeler l'attention sont les boutiques. Celles-ci se touchent et présentent une grande uniformité; elles sont à toit de chaume ou de bois, surmontées ou non d'un étage, accompagnées ou non d'un dozo. Leur façade rectangulaire s'ouvre, dans toute sa largeur, sur la rue. Des *chodjis* pourraient la fermer, mais ces fenêtres, à cause de leur papier opaque, ne sont employées que le plus rarement possible, afin que l'étalage soit facilement vu du dehors. Le client fait ses acquisitions sans entrer, et il prend pour siège le bord élevé du plancher. C'est là la particularité des boutiques, qui, d'ailleurs, ne diffèrent pas sensiblement des autres habitations dans leur mode de construction. Été comme hiver, elles sont ouvertes. En été, elles sont défendues contre les ardeurs du soleil par un carré de toile attaché, d'une part, au bord du toit, et, de l'autre, fixé au sommet de bambous piqués en terre ; des banderolles habituellement chargées de caractères chinois séparent de l'étalage voisin et servent d'annonce. En hiver, rien ne protège du froid. Que peut faire le chibatchi ? à peine réchauffer les doigts. Le marchand, qui attend accroupi derrière son étalage, n'y est donc pas mieux que dans la rue. Comme autre inconvénient, ajoutons que devant chaque façade passe l'égout, fossé creusé en terre, non maçonné, simplement recouvert d'une planche ; il suit la disposition naturelle du terrain et l'écoulement des eaux n'est pas assurée. Aussi, en beaucoup d'endroits, il s'y dépose une couche de matière en fermentation qui mesure plusieurs décimètres d'épaisseur. La partie de la maison réservée à l'habitation est placée sur le derrière et donne sur une cour ou un petit jardin.

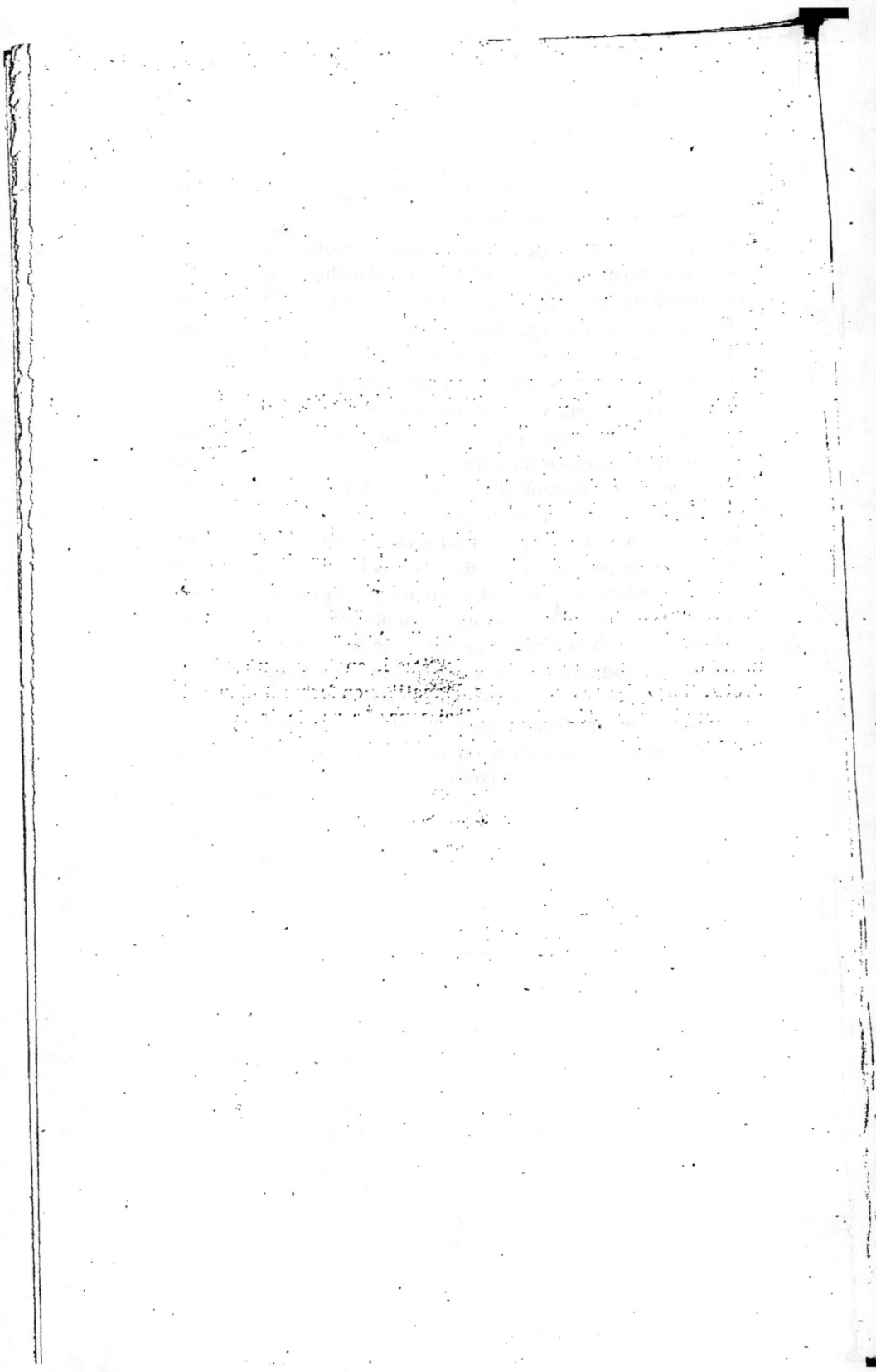

LES HOPITAUX

Les premières fondations d'hôpitaux remontent dans ce pays à une date fort ancienne, au huitième siècle après Jésus-Christ. Il en existe dans presque toutes les villes de l'empire. Voici la liste de ceux qui sont dans la ville de Tokio, en divers quartiers :

1° Hôpital de l'École de médecine allemande.

2° Hôpital de l'École de médecine japonaise.

3° Hôpital militaire.

4° Hôpital de la marine.

5° Hôpital de Jountendo, autrement dit Satow Bioïn.

6° Hôpital Cocoucheido.

7° Hôpital Kihai (maladies lépreuses).

8° Hôpital d'Ougouïs (ou du Rossignol).

9° Hôpital Kiooun.

10° Hôpital Cobayashi.

11° Hôpital de Shiba.

12° Hospice d'aliénés situé à Hongo Comagomé.

13° Hôpital Fouten (hôpital d'aliénés).

Ces hôpitaux ne dépendent pas comme chez nous d'une grande administration. Quelques-uns dépendent du gouvernement et

8

sont attribués à divers ministères : les deux premiers, qui servent à l'enseignement des écoles de médecine des langues allemande et japonaise, sont rattachés au ministère de l'instruction publique ; les ministères de la marine et de la guerre ont chacun leur hôpital. Mais la plupart de ces établissements sont fondés par des particuliers, des médecins directeurs, dont ils portent le nom ; l'État ni la ville n'ont rien à y voir à moins qu'ils n'aient voulu contribuer pour faire admettre une catégorie de malades, comme dans l'hôpital d'aliénés de Comagomé.

La révolution japonaise, qui a réformé l'enseignement de la médecine, a donné à ces hôpitaux deux aspects tout à fait différents, correspondant aux deux systèmes médicaux actuellement en présence, l'ancien ou chinois, et le nouveau ou occidental. Les uns ont conservé leur caractère national, au point de vue des constructions et des usages intérieurs, les autres sont une copie des hôpitaux occidentaux adaptés aux mœurs japonaises. Cependant les hôpitaux d'ancien style ne sont plus aux mains des médecins de science chinoise. Beaucoup sont passés entre les mains de Japonais instruits par les nouvelles méthodes scientifiques. Comme on peut le pressentir, tous ces hôpitaux ne sont pas ouverts à l'enseignement officiel ; il n'y a guère que les deux premiers de la liste spécialement créés à cet effet, les autres reçoivent cependant quelques élèves choisis correspondant aux internes ou externes nécessaires au service, c'est ainsi que les médecins chinois qui les détiennent peuvent encore propager leur doctrine. J'ai obtenu par l'intermédiaire du gouvervement japonais la permission de les visiter et j'y ai reçu bon accueil. Je vais essayer de faire connaître les particularités que j'ai remarquées.

1⁵ HOPITAUX DE STYLE JAPONAIS

Ces hôpitaux contiennent un nombre plus restreint de malades que les nôtres, ils peuvent varier de quatre-vingt à deux cent cinquante lits; ils sont situés dans des endroits salubres, le plus souvent sur des hauteurs dans de vastes jardins, ou sur le bord de vastes espaces libres, de façon que leur aération est excellente; du reste, la ville de Tokio n'est pas agglomérée comme Paris, ses divers quartiers sont séparés par des places, des champs incultes, des champs cultivés, des parcs de grande étendue, réservoirs d'air pur, et les maisons sont entourées de vastes jardins. Les parties élevées sont recherchées pour ces établissements spécialement à cause du kakké ou béribéri, qui y guérit plus facilement. Les constructions sont en bois, à deux ou trois étages, formées de longs corps de bâtiments ouverts sur presque toutes les faces comme les maisons. La grande différence avec nos hôpitaux est qu'elles contiennent une très grande quantité de petites chambres pour loger les malades. Une pharmacie, une salle d'opérations, une cuisine, des bains y sont annexés. Les parties de la construction réservées aux malades ont la forme de grands hangars à large toit, dont les poteaux supportent plusieurs étages de planchers qui, à leur tour, supportent de nombreuses chambres. Les cloisons formant celles-ci ne commencent qu'à un mètre en arrière des poteaux, de façon qu'il reste une sorte de balcon faisant le tour de l'étage. Des murailles en planches ne ferment jamais qu'une très-petite partie de l'enceinte.

La chambre du malade n'est elle-même pourvue de murailles que dans une très-petite étendue. Elle est quadrilatère. Elle s'ouvre sur le balcon et touche à deux chambres latérales. La cloison du fond est une muraille de lattes et de mortier les deux latérales sont des *karakamis*, la dernière qui donne sur le balcon et représente la fenêtre est formée de *chodjis*.

Le plancher ne repose pas sur le sol et en est toujours élevé à une hauteur d'au moins cinquante centimètres; il est recouvert de tatamis. Des cloisons de papier et une couche de nattes, voilà donc le schéma d'une chambre de malade au Japon.

On comprend que l'air y circule avec facilité.

Ces hôpitaux ainsi ventilés sont plutôt faits pour la chaleur
que contre le froid. En hiver, par la glace et la neige, les
moyens de chauffage sont insuffisants; il n'y a pas de chemi-
nées; on place au milieu de la chambre un simple braséro.
Heureusement le soleil qui luit presque tous les jours pendant
la saison froide vient en aide.

Sur le tatamis sont étendus deux ou trois matelas en coton,
c'est là-dessus que gît le patient. Il est recouvert par la robe
de chambre à manches déjà connue. Sa tête repose sur le
makoura. Les draps et le linge de corps ne sont pas employés,
le malade couche avec un habit léger sur les matelas.

Je ne reviendrai pas sur le système des bains, que j'ai décrit
dans un autre chapitre, et je ne parlerai pas de la pharmacie et
des médications, qui ne diffèrent pas des nôtres dans le cas des
médecins de la nouvelle méthode et qui s'en éloigne trop dans
le cas des médecins chinois. La cuisine est beaucoup plus
simple que la nôtre en raison de la sobriété et de l'alimentation
japonaises.

Les hôpitaux de Tokio reçoivent, sans distinction de sexe et
d'âge, des malades de la ville et des environs; ils ne sont pas
exclusivement destinés aux pauvres, mais bien au contraire
plutôt aux payants. Il y a en général trois ou quatre catégories
ou classes. La première coûte 3 fr. 75 par jour; la deuxième,
2 fr. 50, et la troisième, 1 fr. 25. C'est dans les locaux de la
troisième que sont reçus les malades non payants. Dans la
classe supérieure, le patient occupe seul une chambre. Dans
les autres classes, chaque salle en contient plusieurs, jusqu'à
cinq ou six, l'espace est alors proportionnel à la quantité des
malades. Les hôpitaux ne sont pas, comme chez nous, des sortes
prisons où le malade est séparé des siens et mis comme au
secret; au contraire, l'entrée en est facile, les malades amènent avec eux des parents, des domestiques pour les soigner.
Le plus souvent ils font faire leur cuisine sur leur braséro,
avec les matériaux fournis par l'hôpital, et ce ne sont que les
pauvres qui se contentent des soins, de la cuisine et du per-

sonnel de la maison. Une chambre d'hôpital ressemble ainsi à un intérieur de maison particulière, où on tâche d'entourer le malade des objets et des personnes qui peuvent lui faire plaisir.

Comme dans toutes les autres maisons japonaises, on veille avec un soin minutieux à la propreté des planchers cirés et des nattes, on n'entre dans les appartements que pieds nus ou avec des petits chaussons de toile. Les water-closets eux-mêmes sont entretenus dans les mêmes conditions. Il est malheureux que les matériaux de literie ne puissent pas être changés à chaque malade, et que la paille des tatamis puisse devenir un nid à germes contagieux, sans cela on trouverait réuni dans ces hôpitaux l'état de propreté qui serait désirable dans quelque pays que ce soit.

2° HÔPITAUX D'ALIÉNÉS

Des deux hôpitaux d'aliénés dè Tokio, celui de Comagomé est le seul qui reçoive une subvention de la ville pour le traitement des aliénés sans ressource. La plupart des malades payent sur le même tarif que dans les autres hôpitaux. Le mode d'admission est très-simple; il est demandé par un parent, un ami, ou à leur défaut par le médecin ou la police. Le malade est admis sur la responsabilité de celui qui le demande : pas de visite, de contrôle, ni médical ni judiciaire. Seulement chaque mois le médecin dresse un tableau de ses pensionnaires pour l'envoyer à la police. Les malades peuvent sortir, non guéris, sur la demande des parents, c'est ainsi qu'au voisinage du jour de l'an l'hôpital se vide pour qu'ils passent les fêtes au milieu de leur famille.

On rencontre dans les hôpitaux plus d'hommes aliénés que de femmes, mais on ne connaît pas la proportion réelle. Il est aussi difficile d'établir le dénombrement exact de tous les aliénés de l'empire. Le Japon ne compte que sept établissements renfermant quatre cents malades, ce qui fait croire qu'un très-grand nombre de familles conservent leurs fous, bien que le préjugé qui rend les aliénés sacrés dans certaines contrées n'existe pas ici.

Les aliénés peuvent être soignés à domicile sous condition de déclaration à la police. Il n'y a que peu de temps que les familles se décident à envoyer leurs malades aux hôpitaux.

Ces hôpitaux sont bâtis dans le style japonais.

J'ai remarqué, comme une curiosité, les cabanons destinés aux agités. C'est une cage formée par des troncs d'arbres arrondis, solidement fixés dans le plancher et dans le plafond, on espère éviter, à l'aide des surfaces rondes, les blessures involontaires que se font ces malheureux ; ils sont aussi très-faciles à surveiller. Un trou percé dans le plancher leur permet de satisfaire aux besoins naturels.

Le traitement par la méthode chinoise, qui se contente de drogues calmantes, paraît donner au moins autant de bons résultats que les méthodes hydrothérapiques plus énergiques.

3° HOPITAUX DE STYLE EUROPÉEN

Le type de cet établissement est l'hôpital militaire, que je visitai grâce au concours de MM. les docteurs Ishiguro et Hassimoto. Il est formé de pavillons isolés dans un très-grand parc. Chaque pavillon, construit à l'européenne avec des murailles et des fenêtres, contient un petit nombre de véritables lits, des appareils de chauffage, de ventilation, etc. Bien qu'il puisse tenir un assez grand nombre de malades, les précautions sont prises pour qu'il n'y ait pas d'encombrement. Les hôpitaux des deux écoles de médecine ont été élevés sur les plans des professeurs allemands à peu près dans le même système que les précédents. Tout en appréciant la douceur du lit, comparé aux matelas de coton, les Japonais regrettent les tatamis qui ont été supprimés des planchers pour raison de propreté.

LES EAUX DE TOKIO

L'eau abonde au Japon. De hautes montagnes, d'immenses forêts alimentent de nombreuses sources et rivières. Le Japonais professe pour l'eau un respect mêlé de superstition. C'est l'eau qui fait pousser son riz, c'est de l'eau qu'il tire le poisson dont il se nourrit. Il semble l'employer à profusion, il lave son riz dans sept ou huit eaux successives. Il prend des bains journaliers. Il place en diverses parties de sa maison des réservoirs d'eau où il peut laver à tous propos ses mains. Il connaît les vertus médicatrices de l'eau : ses médecins chinois en ont fait quarante-deux espèces de médicaments ; ses bonzes des eaux merveilleuses. Il connaît la vertu des eaux minérales qui sont en plus grand nombre dans ce pays que partout ailleurs au monde, et cependant il ne se préoccupe pas de conserver la pureté de cette eau. C'est le reproche capital qu'il faut lui adresser.

Les habitants de Tokio sont pourvus d'eau par deux moyens différents : des conduites qui amènent l'eau de rivière ou de source, et des puits qui lui donnent tantôt l'eau de filtration, tantôt l'eau d'une nappe jaillissante.

Ici j'emprunte des renseignements à divers travaux cités ci-dessous (1).

(1) *Atkinson, the Water supply of Tokio.* (Transact. asiatic Society Ja-

L'eau est prise d'une part à la rivière de Tamagawa à 12 lieues, et d'autre part aux étangs de Kanda, à 4 lieues de Tokio. Un canal ouvert les amène jusque dans la ville. Une branche du canal de Tamagawa communique avec les étangs de Kanda, de sorte que l'eau est mélangée.

Si l'on songe à l'époque où les travaux d'eau de Tokio furent construits, malgré leur insuffisance actuelle il faut les admirer car ils dépassaient alors en étendue tout ce qui existait au monde. Les premiers travaux dont la date puisse être fixée sont ceux de Kanda, qui remontent environ à 1650. Ceux de Tamagawa furent faits en 1653. L'eau de Kanda fut prise dans deux ou trois petits étangs bas, à moitié remplis d'herbes, mais alimentés par des sources.

Pour l'eau de Tamagawa, on avait choisi l'endroit où sortant de la vallée elle coule sur un lit de graviers, comme garantie de sa pureté. Le canal qui le relie à la ville fut une œuvre colossale pour l'époque : les ouvriers durent enlever et apporter la terre dans des paniers ou des nattes. Ce canal est encore bordé de cerisiers qui furent plantés alors, parce qu'on leur croyait la puissance de chasser les impuretés de l'eau.

Examinées à leur point d'arrivée dans la ville par Atkinson, ces eaux ont donné des résultats très-satisfaisants. Je ne donne qu'une partie des chiffres des analyses qui ont été publiées.

Eau de Kanda, arrivant à Koishikawa, Tokio :

	Pour 1.000.000 parties.
Chlorures	7.90
Ammoniaque libre	0.05
Combinaison d'ammoniaque et d'albumine.	0.12
Substances nitrogènes	0.66

Eau de Tamagawa arrivant à Yotsuya, Tokio :

Chlorures	6.50
Ammoniaque libre	0.02

pau.) 1878, vol. VI. — Chaplin. Ibid. Discussion qui suivit. — Martin D. Gesellschaft, für Natur und Volker Kunde Ostasiens. Heft 1. Page 19.

Combinaison d'ammoniaque et d'albumine.   0.03
Substances nitrogènes................... 1.47

L'eau de la meilleure compagnie qui desserve Londres n'est pas aussi pure.
New River Company water donne :

Chlorures............................. 15.70
Ammoniaque libre......................   0.01
Combinaison d'ammoniaque et d'albumine. 0.07
Substances nitrogènes.................. 6.61

Malheureusement l'eau de Tokio ne conserve pas sa pureté. Ce sont des conduites en bois qui la transportent aux diverses parties de la ville ; les plus grosses sont formées de quatre planches assemblées ; les plus petites d'un gros morceau de bois creusé d'une rigole et recouvert d'une planche.

Quelle que soit l'épaisseur du bois et la perfection des ajustages, si remarquables dans les ouvrages japonais, ces conduites ne sont pas suffisantes pour empêcher la contamination des eaux. Par un joint imparfait, une planche qui se pourrit ou même par osmose à travers le bois humide, les impuretés du sol environnant se mêlent au contenu des tuyaux, surtout dans les parties basses, quand l'écoulement est moins rapide ; aussi voit-on s'accroître leur quantité proportionnellement à la distance parcourue et à l'abaissement du niveau du sol ; peu à peu les matières organiques pénètrent, comme le démontre l'augmentation de l'ammoniaque et des albuminoïdes. Quel danger pour la ville, lorsque ces matières organiques transportent le germe d'une maladie épidémique !

Eau de Tamagawa à sa limite de distribution à Tsukidji, Tokio :

Chlorures........................... 49.50
Ammoniaque libre....................   4.29
Combinaison d'ammoniaque et d'albumine. 0.24
Substances nitrogènes............... 6.31

Eau de Kanda à sa limite de distribution à Riogokubashi, Tokio :

Chlorures............................... 23.00
Ammoniaque libre...................... 2.47
Combinaison d'ammoniaque et d'albumine. 0.06
Substances nitrogènes.................. 4.06

J'ai choisi Tsukidji, parce que c'est le quartier réservé aux Européens. C'est un terrain bas, un ancien marécage gagné sur la mer, comme l'indique son nom de Terre Nouvelle. L'augmentation de chlorure pourrait à la rigueur s'expliquer par l'infiltration de l'eau de mer, mais non l'augmentation de l'ammoniaque et des substances nitrogènes, qui viennent des substances animales en décomposition.

Les puits sont publics ou particuliers, sur la rue ou dans une enceinte. Dans la plupart des cas, ils recueillent l'eau de la surface du sol qui a filtré à travers une couche d'épaisseur variable.

Ces résultats tiennent à la nature du sol de Tokio, terrain d'alluvion poreux qui se laisse traverser comme un filtre.

A Yokohama, les mêmes défauts ont déjà été signalés par les membres du comité d'hygiène du Japon et en particulier par M. Geerts (1).

Le puits, après avoir été creusé dans la terre, est lambrissé à l'intérieur par des planches appliquées sur ses parois de façon à former tube. Ce tube descend, d'une part, jusque dans l'eau et de l'autre s'élève au-dessus du sol d'une hauteur d'un mètre environ. Il sert à maintenir les terres et à prévenir les accidents.

Les planches qui plongent dans l'eau ne tardent pas à se pourrir et à devenir une cause de pollution par les moisissures et les infusoires qui se développent.

Pour les puits situés dans les cours ou les jardins, en raison

(1) Geerts. — *On the Drinking water of Yokohama.* (*Transact. of Asiatic Society of Japan*). Vol. VII. part. 13, 1879, p. 211).

du voisinage et de la construction des water closets (voyez *Notes médicales sur le Japon*, p. 65 *Archives générales de Médecine.* 1883.), j'ai déjà signalé le danger des infiltrations excrémentielles. Mais cette cause d'impureté des eaux n'est pas la seule : il en est une autre non moins grave, et les puits de la rue qui échappent à la première n'évitent pas la suivante. Les Japonais ont l'habitude d'apporter au bord du puits tout ce qu'ils veulent nettoyer : aliments, ustensiles, linge, habillement. Ils tirent l'eau du puits à l'aide d'un seau attaché après un long bambou, la versent à côté dans leur propre vase, et naturellement quand elle est sale, ils la répandent sur la terre à l'endroit même; c'est-à-dire contre la planche qui forme la margelle du puits. Il en résulte qu'en cas d'épidémie, si quelques objets contaminés ont été lavés dans ces conditions, le puits est empoisonné par l'eau impure qui ne tarde pas à y retomber. Habituellement, mais pas toujours, il existe sur le côté du puits un plan incliné, formé par quelques planches, qui peuvent conduire l'eau sale à un mètre ou deux du puits, ce qui est préférable, sans offrir encore une sécurité complète.

Les résultats de ces eaux de puits, de l'analyse faite par M. Atkinson, sont tous mauvais. Si le puits est situé dans une partie basse peu élevée au-dessus du niveau de la mer, l'eau douce est altérée à la fois par l'eau de mer et par les infiltrations du sol. S'il est creusé dans un terrain élevé, il est encore pollué par les infiltrations du voisinage et sa contamination est proportionnelle à la quantité du terrain que les eaux ont dû traverser pour arriver à sa nappe. Surugadaï, le quartier Saint-Germain de Tokio, est celui où les analyses donnent les résultats les plus effrayants.

Eau d'un puits profond de quarante-cinq pieds :

```
Chlorures.............................   126.00
Ammoniaque libre......................     0.11
Ammoniaque et albuminoïdes............     0.09
Substances nitrogènes.................    66.50
```

Lorsqu'au contraire on n'a plus affaire à l'eau venant de la surface de la ville, mais bien à une nappe profonde protégée des infiltrations superficielles par une couche imperméable, alors l'eau est pure et tout à fait bonne, mais c'est l'exception.

RESSOURCES ALIMENTAIRES

Un pur Japonais, strict observateur des traditions nationales, choisit ses aliments presque exclusivement dans les végétaux et les poissons; les œufs, le lait et le gibier n'y entrent qu'accessoirement.

Toute autre viande restait jadis sans emploi, elle était bonne pour les chiens, et on comprend de quelle comparaison méprisante les Européens qui s'en nourrissaient étaient l'objet, avant que la révolution n'ait modifié ces opinions.

Maintenant, le beefsteack commence à faire son chemin dans la population japonaise, il est obligatoire dans l'armée; il est de bon ton dans les classes supérieures de la société, prisé aujourd'hui d'engouement pour tout ce qui vient d'Europe, science ou cuisine. Néanmoins l'usage de la viande de boucherie est encore peu répandu (1).

On n'élève au Japon que l'espèce bovine et quelques oiseaux de basse-cour. Van Buren estime qu'il existe à peine un million de têtes de bétail à répartir sur une population de 33 millions d'habitants. Les vaches sont seules bonnes pour l'alimentation,

(1) Van Buren, consul d'Amérique, a fait imprimer à Yokohama un court travail sur ce sujet : *The food of the Japanese people.* 1831.

car les mâles ne sont pas castrés. On abat annuellement 36.000 bêtes. De cette quantité, la moitié est consommée par les Européens, une bonne partie de l'autre moitié est mangée par ordre dans l'armée et la marine japonaise ; il reste peu de chose pour la population civile.

La basse-cour se compose de quelques paires de volatiles, ordinairement coqs et poules, emprisonnés à perpétuité sous une cage : c'est une maigre ressource. Le mouton et le porc sont inconnus dans la contrée, on les tire de Chine. On a dit que l'espèce ovine (1) ne pouvait s'acclimater au Japon, et Godet [s'appuie sur quelques expériences pour soutenir cette opinion. Mais les premiers expérimentateurs me paraissent avoir conclu hâtivement, car de nouveaux essais faits dans les écoles d'agriculture ont au contraire donné des résultats favorables, si j'en dois croire le directeur de l'une d'elles, à Komaba.

Malgré son abondance, le gibier est, à cause des lois sur la chasse, réservé à un petit nombre de privilégiés de la fortune. Les œufs ne sont pas en grande quantité. Le lait est presque considéré comme un médicament.

Au contraire, de toutes les espèces animales terrestres que nous avons vues jusqu'ici, le poisson joue un rôle excessivement important dans l'alimentation japonaise. Les côtes et les rivières des diverses îles de l'empire sont très-poissonneuses, les marchés regorgent ; plus de deux cents espèces peuvent être employées, et il faut encore y ajouter une grande variété de mollusques, crustacés et rayonnés. Je citerai, seulement à titre de curiosité, le requin parmi les poissons, et l'holothurie parmi les échinodermes. Une grande partie du poisson est conservée par salaison ou dessiccation au soleil, puis expédiée dans l'intérieur.

On estime, dit Van Buren, que la moitié de la population se nourrit quotidiennement de poisson, et que les plus malheureux habitants peuvent en manger plusieurs fois par mois.

Les végétaux sont encore plus importants que les poissons,

----

(1) Godet, *Sur l'hygiène du Japon*. Thèse de Paris. 1880.

puisqu'ils constituent la seule alimentation que puissent s'offrir bon nombre d'habitants. La variété de mets que l'industrie de ce peuple en a su tirer est un sujet d'étonnement. Ed. Kinch a pu dresser une liste de plus de quatre cents espèces comestibles, sans y comprendre les plantes marines (1).

Bœlz, sur le même sujet, s'exprime ainsi (2) :

« Il n'y a peut-être pas de pays au monde qui ait une aussi bonne nourriture que le Japon, même pour les plus basses classes. »

Van Buren a publié, d'après Kinch, une très-longue liste de toutes les espèces végétales sous le titre de *List of Plants used for food or from wich food is obtained n Japan*. Mais il n'a pas établi les distinctions nécessaires parmi elles, aussi ai-je pu, en m'aidant des conseils de plusieurs Japonais, en supprimer beaucoup à cause de leur rareté. Je ne tiendrai compte que de celles qui sont vulgairement connues à Tokio.

Au lieu de les présenter par familles je les classerai d'après la partie de la plante employée en cuisine, savoir : racines, tiges, feuilles, fleurs, graines et fruits. Les plantes très-communes seront précédées d'une astérisque.

Racines dans lesquelles je comprends les rhizomes, les tubercules et les bulbes.

	Nom japonais.
Nelumbo nucifera (lotus).	Hasu Hachisu.
* Cochlearia wasabi.	Wasabi.
* Brassica rapa.	Kabu.
* Raphanus sativus (radis).	Daicon.
* Lappa major (bardane).	Gobo.
* Patatas edulis (patate).	Satsuma imo.
Stachys japonica.	Chorogi.
* Arum dracunculus.	Konnyaku.

(1) A classified catalogue of a collection of agricultural products exhibited in the Sidney international Exhibition by the Imperial College of Agriculture Tokio. Japan. (*Transact. of the Asiatic Society of Japan*, VIII 3.)

(2) *Deustche Gesellschaft fur Naturund Volkerkunde Ostasiens*: Avril 1882:

*Colocasia anticorum.	Sato-imo.
Sagittaria Sagittifolia.	Kuwai.
*Zingiber officinalis.	Mioga.
*Dioscorea japonica (igname de Chine).	Yama no-imo.
Erythronium dens canis. Orythia edulis.	
Lilium superbum, speciosum, auratum, tigrinum, bulbiferum, japonicum, callosum, candidum, cordifolium, pomponium. (Variétés de lis.)	
Scirpus articulatus.	Kuro kuwai (1).

De cette série, je dois détacher spécialement le daicon, ou radis géant. Long et gros comme le bras, il fait partie de tous les repas, soit cru, soit salé ou dans la saumure. La patate, le sato-imo viennent après comme importance. L'igname, le lotus, l'arum, la bardane, la sagittaire, le gingembre, l'oignon, l'ail et l'échalotte sont d'un fréquent usage. Les bulbes de lis sont beaucoup moins usités.

Tiges. — Elles appartiennent pour la plupart à des plantes inconnues ou non employées chez nous, à l'exception du céleri, importé par les Hollandais, mais naturalisé, et des jeunes pousses de bambous atrophiés artificiellement.

Ces dernières, sous le nom de take noko, constituent un mets savoureux.

Brasenia peltata.	Junsai.
Euryale ferox.	Midzubuki.
Apium graveolens (céleri hollandais).	Oranda mitsuba.
*Sium canadensis.	Mitsuba.
*Œnanthe stolonifera.	Seri.
*Aralia edulis.	Udo.
*Tussilago petasites.	Fuki.
*Tussilago japonica.	Gobo.

(1) Hoffman et Schultze, *Noms indigènes des plantes du Japon et de la Chine.* — Thunberg, *Flora japonica.* — Siebold et Zuccari, *Flore japonaise.* — Savatier, *Botanique japonaise.*

Sorghum saccharatum.	
Saccharum officinarum.	Kanshio.
*Bambusa puperbula, arundinacea, nana, floribunda, kumarasa (bambous) (1).	Take-noko.

Feuilles. — Quelques-unes, comme le pissenlit, la laitue et les épinards ne méritent pas une attention particulière. Parmi les autres dont l'emploi est négligé chez nous, il faut citer les feuilles de chrysanthème, d'armoise, de liseron, de fougère, de moutarde, de radis, divers lichens, des algues marines, des fucus et des laminaires. Enfin tout le monde sait que l'infusion de thé est la principale boisson du pays.

Les feuilles sont simplement desséchées, leur préparation est beaucoup moins compliquée que celle des thés chinois ; l'arome manque presque complètement, l'infusion est très légèrement colorée en vert, d'un goût amer qui devient ensuite doucereux comme dans la douce-amère. Elle est très excitante.

Brasenia peltata.	Junsaï.
*Brassica chinensis (chou).	Abura-na.
* — orientalis.	Natane-na.
*Sinapis cernua (moutarde).	Karashi.
*Thea chinensis (thé).	Tcha.
Chrysanthenum coronatum (chrysan-thème).	Kiku.
*Lactuca sativa.	Chisa.
Artemisia vulgaris.	Yomogi.
*Siler divaricatum.	Bofu.
Salsola-soda.	Akahijiki.
Polygonum nodosum.	Yanagi-tade.
— japonicum.	Ma-tade.
— cuspidatum.	Inu-tade, etc.
Pteris aquilina (fougère).	Warabi.

Sous le nom de Kabu, Ijiki et Arame sont désignées un cer-

tain nombre de plantes marines dont la laminaire est seule
déterminée.

* Laminaria saccharina.
       —   esculenta.
* **Fucus.**   Wakame.
   Porphyra vulgaris.   Nori.

Fleurs. — Ce ne sont vraiment que des accessoires de la
nourriture et des curiosités culinaires. On mange confites les
fleurs du cerisier, des chrysantèmes et des pyrèthres.

Prunus cerasus.
Chrysanthemum coronarium.
Pyrethrum chinensis.

Ici je devrais ajouter tout une série de champignons.

Graines ou semences. — On y rencontre les aliments par
excellence, le riz et les haricots. Le riz cuit à l'eau constitue
en poids la moitié au moins de chaque repas. Il fournit en outre, par fermentation, une boisson très-usitée, le *saké*, bière de
riz. Ensuite vient le haricot, avec d'innombrables variétés, dont
une surtout, appelée *daidzou*, est particulièrement intéressante
à cause de la diversité d'aliments qu'on peut en obtenir. Elle
mériterait une tentative d'acclimatation chez nous. On en tire
la sauce universelle du pays, appelée *shoyou*, un fromage nommé
tofou et une autre préparation très-nourrissante, appelée *miso*.
On ne lira pas sans intérêt la fabrication de ce fromage singulier. On met gonfler ces haricots *daidzou*, les seuls qui puissent
le donner, dans l'eau chaude, ils sont ensuite pilés, écrasés à
la meule, puis délayés dans l'eau, de façon à former une sorte
de crème. On filtre alors à travers un sac de toile, on ajoute des
eaux mères de marais salant, qui précipitent toutes les matières
albumineuses, puis il ne reste plus qu'à mouler.

Le millet et le sarrazin remplacent le riz dans les pays où sa
culture n'est pas possible. Quant au blé, il n'est cultivé qu'en
petite quantité. Les paysans le plantent comme des pommes

de terre, enveloppé d'excréments humains. Fermenté avec les haricots il constitue le shoyu.

Euryale ferox.

Nymphæa nelumbo.

*Soja hispida ou Dolichos ou Glycine soja, haricot à shoyu.

Glycine monoïca.

Dolichos incurvus,

—   lineatus,

—   bicontortus,

—   ensiformis.

*Phaseolus vulgaris,

*   —   radiatus.

Sesamum indicum.

*Oriza sativa (riz).

Setaria italica.

Panicum miliaceum.   }Millet.

. —   frumentarium.)

Midzu buki.

Hitsuji gusa.

Daidzou.

No-mame.

Fuji-mame.

Ingen-mame.

Adzuki shozu.

Lablabcultratus.

Kome.

Les fruits japonais sont variés, mais la culture de beaucoup d'entr'eux est délaissée, par exemple bien que la pomme croisse dans le pays, il est presque impos : le de s'en procurer. De tous les fruits que nous connaissons e ı France, il n'y a guère que la cerise et la fraise qui ne se renc ɣ trent pas au Japon, et c'est d'autant plus curieux pour le cerisier qu'il y produit de splendides fleurs et est l'objet d'un véritable culte.

Les fruits particuliers au pays sont en premier lieu les variétés de kaki, ou figue caque dont la chair rappelle tantôt la chair ferme des poires, tantôt la pulpe des cerises; puis viennent les éléagnées, une espèce de chêne, et des conifères (le kaya et le gin-nan).

Akebia kinata (rare).

Citrus trifoliata.

—   japonica.

—   aurantium.

Tachibana.

Kinkan.

Mikan.

* Citrus bigaradia.	Daidai.
* — chirocarpus.	Kunembo.
Hovenia dulcis.	
* Vitis vinifera.	Budo.
* Prunus tomentosa (prune).	Mume.
— mume.	
— japonica.	
— armenica.	
Amygdalus persica (pêche).	Momo.
* Pyrus japonica (poire).	Nashi.
— malus (pomme).	Ringo.
* — cydonia (coing).	Marumero-kwarin.
Mespilus japonica (néflier).	Biwa.
Punicagranatum.	Zakuro.
Trapa bispinosa.	Hishi.
Lagenaria hispida, d'où se tire le	Kambio.
Momordica charantia.	Tsuru-reishi.
* Cucumis sativus (citrouille).	Kiuri.
* — melo (melon).	Makuwa uri.
* — flexuosus.	Awo-uri.
, — conomon.	Shiro-uri.
* Citrullus edulis (melon d'eau).	Suikwa.
* Cucurbita pepo (courge).	Bofuri.
* Dyospiros kaki (figue caque).	Kaki.
* Solanum ethiopicum, fruit long d'un	
pied.	Nasubi.
Eleagnus umbellata.	Aki gumi.
— multiflora.	Newashiro gumi.
— pungens.	Natsu gumi.
— glabra.	Yama gumi.
Morus alba, d'emploi rare.	Kuwa.
* Juglans regia (noix).	Kurumi.
— sieboldiana, mandschurica.	Hime kurumi.
— japonica.	Oni kurumi.
Quercus cuspidata (gland).	Shii.

*Castanea vulgaris (chataigne).	Kuri.
*Corylus heterophyllus (noisette).	Hashibani.
Myrica rubra.	Yama-momo.
*Torreya nucifera (if).	Kaya.
Ginkgo biloba.	Ginnan.

Les condiments sont fournis par le *Fagara piperita*, par les diverses espèces de *Xanthoxylum, piperitum, ailanthoïdes, planispinum*, qui jouent le rôle de poivre, et par le piment rouge ou *capsicum annuum*.

Les boissons sont l'eau, l'infusion de thé et la bière de riz ou saké.

La cuisine japonaise est à la fois très-simple et très-difficile, simple quant à la préparation des aliments, difficile quant à leur choix. Celui-ci varie avec les circonstances de la vie, les époques de l'année, la situation des convives. Mais les règles de la civilité culinaire me sont inconnues.

Ce qui nous intéresse et ce qui caractérise surtout les préparations culinaires du Japon, c'est l'absence de graisse : jamais de friture ; ni beurre, ni huile pour faire les sauces. Il n'y a que deux procédés de cuisson : exposition au-dessus d'un feu ardent ou ébullition prolongée dans l'eau. Il n'y a qu'une sauce : le shoyou, qui est absolument dépourvue de corps gras.

Bon nombre d'aliments se mangent crus, en nature, sans aucune préparation, ou bien avec addition d'un assaisonnement : sel, sucre, vinaigre ou *shoyou*. Sous le nom de *sashimi*, certains poissons se mangent tout crus. Ils sont taillés d'avance par fines tranches ; il ne reste plus qu'à les tremper dans le *shoyou*. C'est un mets recherché et renommé. D'autres poissons ont été desséchés au soleil ; ils sont durs comme du bois et on en rabote des copeaux pour donner du goût aux soupes.

Le *daïcon* se mange à toutes les sauces ; il y a des prunes qui se mettent confire dans le sel.

Le riz, les patates, les *sato-imo*, l'arum, la sagittaire, les bulbes de lis, la bardane se font bouillir à l'eau. Le riz doit être adhérent en masses volumineuses ; il est sec à la bouche, il faut y ajouter du thé pour en faciliter la déglutition.

La plupart des feuilles, les *na*, les chrysanthèmes, les fucus, les algues, se traitent par ébullition et donnent une infusion de goût peu attrayant, qui se corrige par addition de poisson sec ou salé.

Le gland de chêne se mange grillé. Quelques laminaires, le poisson salé, se font chauffer au feu.

Dans des petites marmites, on fait, avec des tranches de poisson, de seiche, d'haliotis, d'oie, de poulet ou de gibier mêlées à des oignons et du tofu, une fricassée supportable désignée du nom de *nabe*.

On jugera de la composition des repas japonais, de la nature et de la quantité des aliments, par les deux tableaux suivants, que j'emprunte à un remarquable travail du docteur Scheube (1).

1° Repas d'un jeune étudiant :

	Matin.	Midi.	Soir.
Riz cuit...............	420	397	376
Sardines et oignons....	»	41	»
Bouilli de bœuf.........	»	75	126
Fromage de haricots ...	»	»	144
Daïcon salé	38	24	30
Thé.................	400	240	240

Au total, par jour et en poids, 2.551 grammes.

2° Repas d'un garçon d'hôpital :

	Matin.	Midi.	Soir.
Riz cuit	383	381	405
Poisson rôti...........	»	22	»
Soupe ou *miso* (2)	»	159	»
Pois cuits..............	»	»	61

(1) *Die Nährung der Japaner. Deutsche Gesellschaft für Natur und Volker-Kunde Ostasiens.* 27 *heft.*
(2) Bouillie de haricots cuits fermentée avec du riz et du sel.

Œufs................	»	»	158
Sushi (1).............	»	»	344
Daïcon salé...........	52	37	56
Thé..................	353	240	400

Au total, par jour et en poids, 2.051 grammes.

On remarquera que le riz constitue à lui seul la moitié de la masse totale des aliments, et que le poids total des substances ingérées se rapproche sensiblement de la moyenne européenne et ne la dépasse pas.

Il était bien autrement intéressant de savoir si les usages culinaires ont apporté des modifications graves dans les rapports des trois ordres d'éléments, albumineux, graisseux et amylacés. A l'aide des analyses que le professeur Kinch a faites des diverses substances alimentaires communes, Scheube a évalué la composition des repas de ses Japonais en expérience, et donne les chiffres suivants :

Albumine.............	63 à 125
Graisse..............	6 à 18
Amylacés.............	419 à 542

C'est une diminution considérable dans la quantité de graisse donnée comme moyenne en Europe : 56 gr. par jour. Cependant les Japonais ne sont pas nécessairement maigres ; ils arrivent à former de la graisse aux dépens de leurs aliments albuminoïdes et surtout amylacés, et quelques-uns d'entre eux, les *soumo*, ou lutteurs, arrivent à se surcharger d'un embonpoint énorme, nécessaire à leur profession.

Cette diminution de la graisse ingérée n'a aucun retentissement sur l'économie : l'urée est normale, 28 grammes par jour, 0.55 cent. par kilo. (La moyenne du poids des Japonais est de 50 kilos.) L'acide urique est également normal, le chlorure de sodium est en surcharge, et les phosphates et les sulfates sont en infériorité.

Du reste, si ces données précises nous manquaient, pour-

(1) Riz cuit mélangé avec du vinaigre et de la viande crue de poisson.

rions-nous déclarer insuffisante une nourriture qui permet aux hommes de peine d'accomplir des travaux impossibles à beaucoup d'Européens. Avec cette alimentation, peut-être même *à cause d'elle*, un coureur, traînant cabriolet et voyageur, parcourt communément 14 ou 15 lieues dans sa journée, et peut faire jusqu'à 28 lieues (112 kilomètres).

Les muscles de ces hommes feraient envie à plus d'un mangeur de beefsteack.

On sait que les Japonais, de même que les Chinois, n'emploient pas dans leur repas d'autres instruments que deux petites baguettes de bois ou d'ivoire, d'une longueur de 20 centimètres, du volume d'un porte-plume effilé en pointe. Ces bâtons doivent former les deux branches d'une pince avec laquelle seront saisis les aliments solides. Ils se tiennent d'une seule main, l'un d'eux est fixe, l'autre mobile. Ils doivent dépasser les doigts d'une certaine longueur.

Le premier est appuyé d'une part sur le sommet de l'angle formé par le pouce et l'index, d'autre part sur la rainure entre l'ongle et la pulpe digitale de l'annulaire. C'est la pression de la racine du pouce qui lui donne sa fixité.

Le deuxième est saisi par l'extrémité du pouce et l'extrémité de la *deuxième* phalange de l'index. La dernière phalange de l'index et celle du médius s'appliquent sur lui comme sur une plume à écrire, et il suit leurs mouvements.

Les bâtons suffisent à déchiqueter les aliments ramollis par l'ébullition ; quant aux parties dures, elles ont été coupées en fines tranches préalablement, de sorte que l'emploi du couteau est inutile.

Les repas sont servis dans des tasses de porcelaine ou de laque, il faut boire le liquide et pincer le solide. Leur rapidité est quelquefois un sujet d'étonnement. Votre coureur demande.

à s'arrêter pour manger, il s'absente deux ou trois minutes et revient, il a fait un repas copieux. Ceci tient à ce que les aliments sont souvent composés et préparés de telle sorte que les Japonais n'ont pas besoin de les mâcher. Par exemple, pour le riz, la bouche s'ouvre, la main gauche élève la tasse à sa hauteur; la main droite, armée des petits bâtons, y projette les aliments; on voit une série de mouvements de déglutition et c'est fini.

Suivant les uns (Wernich), cette rapidité de l'alimentation amènerait des troubles digestifs; suivant les autres (Bælz et Scheube), au contraire, elle n'aurait aucun inconvénient, mais on observerait un très-curieux phénomène d'adaptation des Japonais à leur nourriture: ils auraient, comme les herbivores, l'intestin plus long.

D'après vingt-six observations faites par le Dʳ Scheube et par M. Taguchi, anatomiste japonais (1), la longueur de l'intestin serait plus grande chez les Japonais que chez les Européens Si l'on compare la longueur du corps avec celle de l'intestin, on arrive à un résultat bien étonnant : à 100 centimètres de stature chez l'Européen correspondent 506 centimètres d'intestin; à 100 centimètres de stature chez le Japonais correspondent 607 centimètres d'intestin. C'est donc une augmentation de longueur d'un cinquième.

(1) *Länge des Darms bei Japanern.* (*Deutsch. Gesellschaft für Natur und Volkerkunde Ostasiens.* 1822. 27ᵉ cahier.)

PLANTES COLORANTES

Erodia glauca. — Coriaria japonica. — Rhus semi-alata. — Rubia cordifolia. — Ilex pedunculata. — Hydropyrum latifolium. — Commelina species. — Basella rubia. — Pyrus toringo. — Prunus mume. — Quercus dentata. — Quercus cuspidata. — Quercus serrata. — Myrica rubra. — Curcuma longa. — Calamagrostis hakonensis. — Berberis chinensis. — Diospyros kaki. — Diospyros latus. — Polygonum tinctorium. — Lithospermum officinale. — Lithospermum erythrospermum. — Isatis japonica — Gardenia florida. — Mercurialis biocarpa. — Carthamus tinctorius. — Fagus sieboldii. — Arthraxon ciliare. — Alnus maritima. — Acanthopanax innovans. — Elæococca cordata.

PLANTES SERVANT A FAIRE LE PAPIER

Broussonetia papyrifera (très-beau). — Edgeworthia papyrifera. — Daphne genkwa. — Daphne species. — Sorghum saccharatum (très-beau). — Morus alba.

PLANTES TEXTILES

Urtica thunbergia. — Bœhmeria spicata. — Abutilon avicennæ. — Corchorus capsulana. — Metaplexis hauntonii ? — Tespedeza cystobothrya? — Betula alba. — Rhamnus costata. — Hibiscus syriacus. — Hibiscus mutabilis. — Actinidia volubilis. — Cocculus thunbergii. — Tilia mandchourica. — Tilia cordata. — Vitis flexuosa. — Vitis (espèce de montagne). — Cannabis sativa. — Pueraria thunbergiona. — Linum perenne. — Stercularia platanifolia. — Gossypium indicum. — Wistaria sinensis. — Musa basjoo.

TABLE

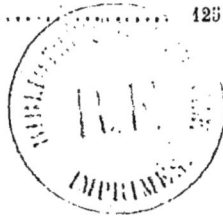

Paris. — Imp. Balitout, Questroy et C⁰, 7, rue Baillif.

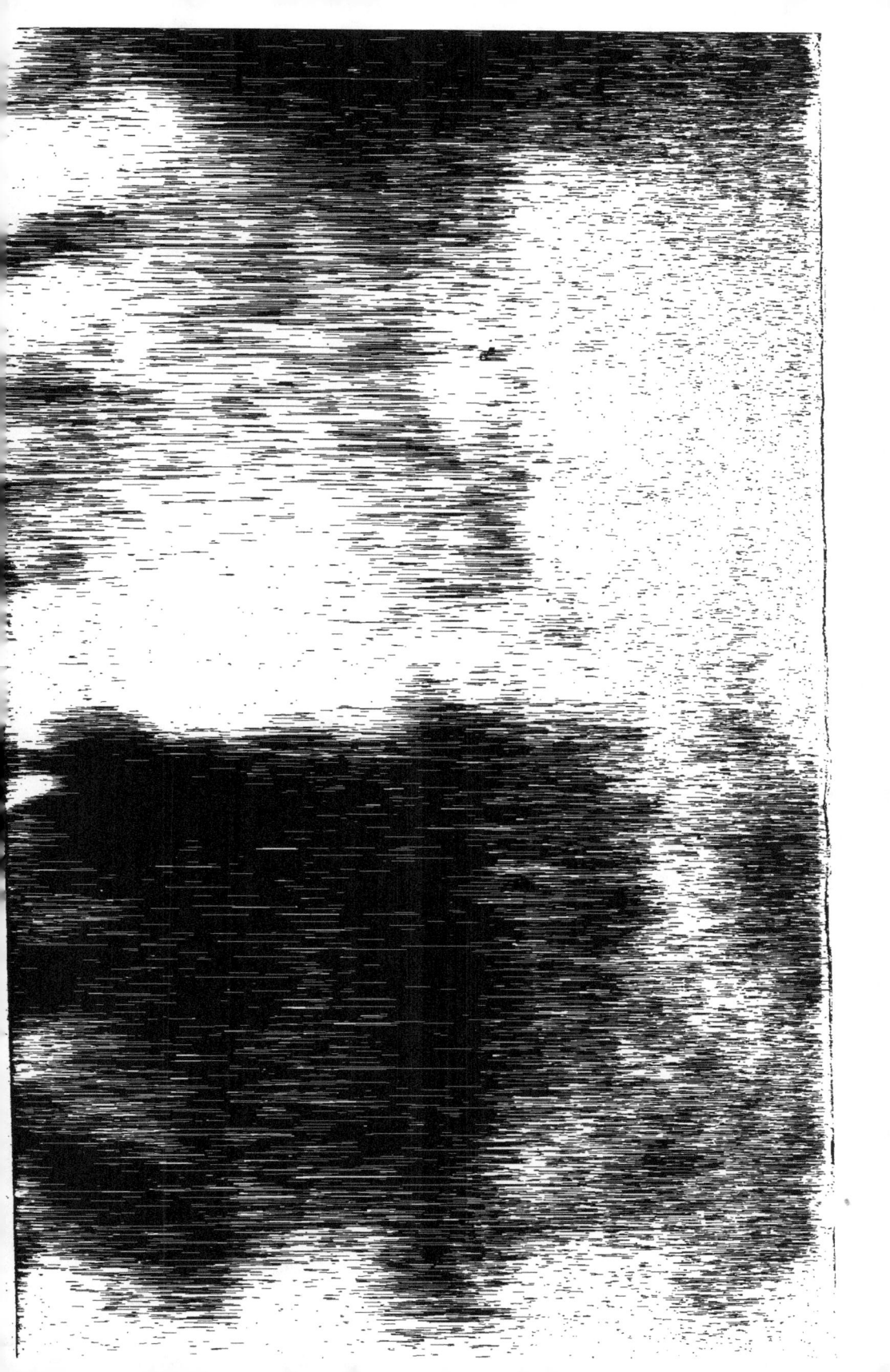

PARIS

IMPRIMERIE BALITOUT, QUESTROY ET Cie.

7, RUE BAILLIF 7

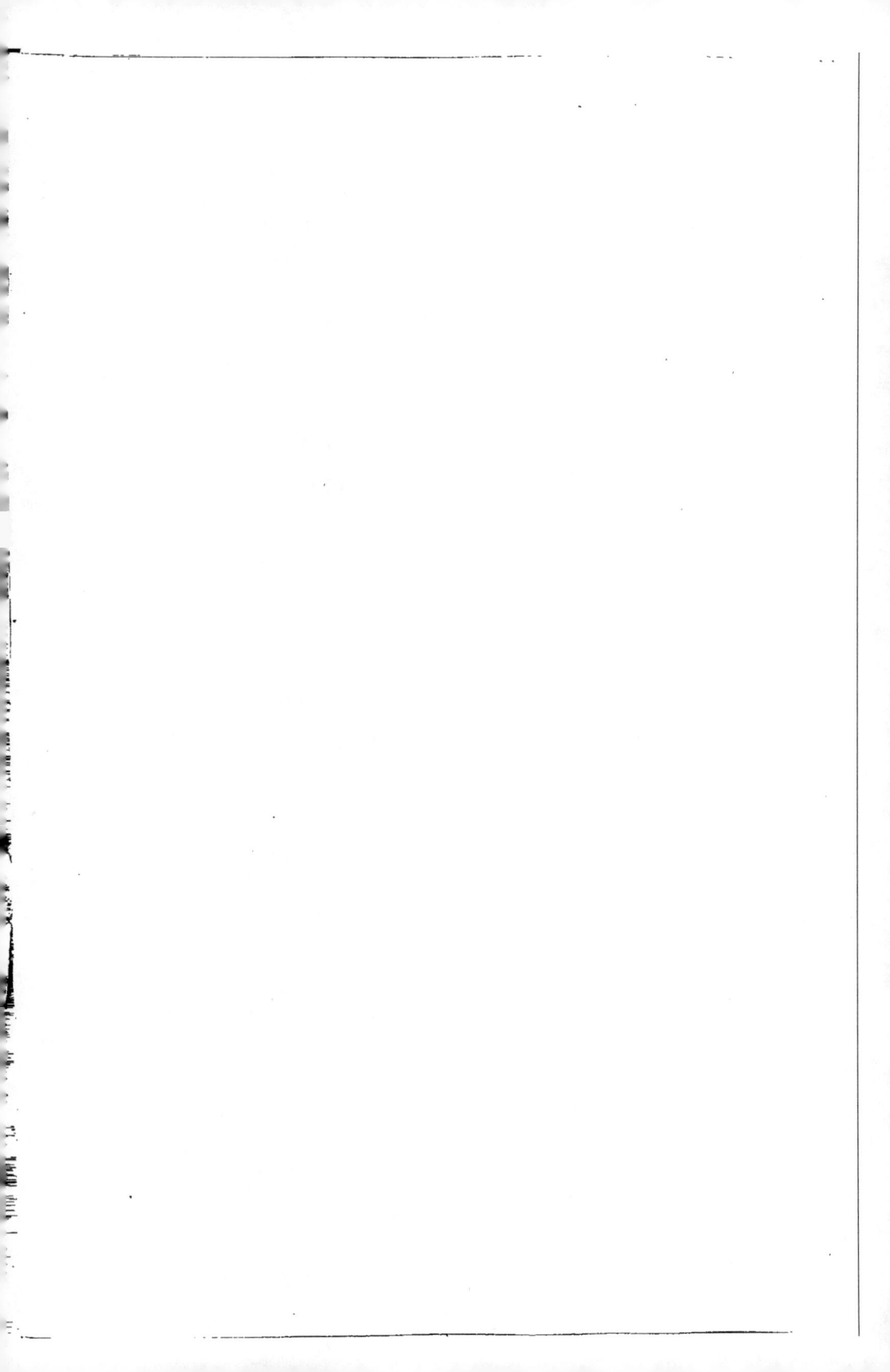

www.ingramcontent.com/pod-product-compliance
Lightning Source LLC
Chambersburg PA
CBHW071804090426

42737CB00012B/1941